Peter Bieri
Wie wollen wir leben?

Peter Bieri

Wie wollen wir leben?

Aus der Reihe »UNRUHE BEWAHREN«

Residenz Verlag

Unruhe bewahren – Frühlingsvorlesung & Herbstvorlesung.
Eine Veranstaltung der Akademie Graz in Kooperation mit dem Kulturzentrum
bei den Minoriten und DIE PRESSE.

Die Frühlingsvorlesung zum Thema »Wie wollen wir leben?« fand von 21. bis
23. März 2011 im Kulturzentrum bei den Minoriten in Graz statt.

Bibliografische Information der Deutschen Bibliothek
Die Deutsche Bibliothek verzeichnet diese Publikation in der
Deutschen Nationalbibliografie; detaillierte bibliografische Daten
sind im Internet über http://dnb.d-nb.de abrufbar.

www.residenzverlag.at

5. Auflage 2012

© 2011 Peter Bieri

Niederösterreichisches Pressehaus
Druck- und Verlagsgesellschaft mbH
St. Pölten – Salzburg

Alle Rechte, insbesondere das des auszugsweisen Abdrucks
und das der fotomechanischen Wiedergabe, vorbehalten.

Umschlaggestaltung: Kurt Dornig
Typografische Gestaltung, Satz: Ekke Wolf, typic.at
Gesamtherstellung: CPI Moravia Books

ISBN 978-3-7017-1563-3

Inhalt

1. Vorlesung: Was wäre ein selbstbestimmtes Leben? 7

2. Vorlesung: Warum ist Selbsterkenntnis wichtig? 35

3. Vorlesung: Wie entsteht kulturelle Identität? 61

Literaturhinweise 85

Erste Vorlesung

Was wäre ein selbstbestimmtes Leben?

Wir wollen über unser Leben selbst bestimmen. Das sind Worte, die leidenschaftliche Zustimmung finden, und wir haben den Eindruck, daß sie von den beiden wichtigsten Dingen handeln, die wir kennen: von unserer Würde und unserem Glück. Doch was bedeuten die vertrauten Worte eigentlich? In welchem Sinn kann ich über mein Leben bestimmen? Was ist das für eine Idee von Bestimmen und von Selbständigkeit? Wie kann man die Idee entfalten, und was kommt da alles zum Vorschein?

Keine äußere Tyrannei

Nach einer ersten Lesart ist etwas Einfaches, Geradliniges gemeint: Wir wollen in Einklang mit unseren eigenen

Gedanken, Gefühlen und Wünschen leben. Wir möchten nicht, daß uns jemand vorschreibt, was wir zu denken, zu sagen und zu tun haben. Keine Bevormundung durch die Eltern, keine verschwiegene Tyrannei durch Lebensgefährten, keine Drohungen von Arbeitgebern und Vermietern, keine politische Unterdrückung. Niemand, der uns zu tun nötigt, was wir von uns aus nicht möchten. Keine äußere Tyrannei also und keine Erpressung, aber auch nicht Krankheit und Armut, die uns verbauen, was wir erleben und tun möchten.

Das ist nicht mit dem Wunsch zu verwechseln, ohne Rücksicht auf andere die eigenen Interessen durchzusetzen. Zwar kann man – ganz formal betrachtet – Selbstbestimmung auch so lesen. Doch dann ist sie nicht das, was die meisten von uns im Auge haben: ein selbständiges Leben in einer Gemeinschaft, die durch rechtliche und moralische Regeln bestimmt ist – Regeln, die soziale Identitäten definieren, ohne die es ebenfalls keine Würde und kein Glück gibt. Was wir nach dieser ersten Lesart der Idee meinen, ist ein Leben, das im Rahmen dieser Regeln frei von äußeren Zwängen wäre, und ein Leben, in dem wir mit darüber bestimmen können, welche Regeln gelten sollen.

Innere Selbständigkeit

Wie gesagt: Das ist eine relativ einfache, transparente Idee, die keine grundsätzlichen gedanklichen Probleme aufwirft. Viel komplizierter und undurchsichtiger wird die Idee der Selbstbestimmung, wenn wir sie unter einer zweiten Lesart betrachten. Danach geht es nicht mehr um die Unabhängigkeit den Anderen gegenüber, sondern um die Fähigkeit, über *sich selbst* zu bestimmen. Nun ist nicht mehr die Rede davon, über mein Leben Regie zu führen, indem ich mich gegen die Tyrannei der Außenwelt wehre. Jetzt geht es darum, in einem noch ganz anderen Sinne der Autor und das Subjekt meines Lebens zu werden: indem ich Einfluß auf meine Innenwelt nehme, auf die Dimension meines Denkens, Wollens und Erlebens, aus der heraus sich meine Handlungen ergeben. Wie kann man sich diesen Einfluß, diese innere Lebensregie, vorstellen?

Wir sind nicht die unbewegten Beweger unseres Wollens und Denkens. Wir sitzen nicht als stille Regisseure im Dunkeln und ziehen die Fäden in unserem inneren Drama. Und wir können nicht nach Belieben, ohne Vorbedingungen und aus dem Nichts heraus, darüber bestimmen, was wir denken, fühlen und wollen. Selbstbestimmung in dieser zweiten Lesart bedeutet weder eine innere Verdoppelung der Person durch einen stillen Homunculus, noch eine Wahl von einem imaginären Nullpunkt aus. Bevor wir soweit sind uns zu fragen, wie wir leben möchten, sind tausendfach Dinge auf uns eingestürzt und haben uns geprägt. Diese Prägungen bilden den Sockel für alles weitere, und über diesen Sockel können wir nicht bestimmen. Doch das macht nichts, denn das Gegenteil wäre ohnehin nicht denkbar: Derjenige, der am Nullpunkt stünde, könnte sich nicht selbst bestimmen, denn er hätte, noch ganz ohne Wünsche und ohne Spuren des Erlebens, keinen Maßstab. Damit unser Wille und unser Erleben die unseren sind als Teil der persönlichen Identität, müssen sie in eine Lebensgeschichte eingebettet und durch sie bedingt sein, und wenn es da Selbstbestimmung gibt, dann nur als Einflußnahme im Rahmen einer solchen Geschichte, die auch eine kausale Geschichte ist, eine Geschichte von Vorbedingungen.

Ist diese Einsicht nicht gefährlich? Unser Erleben ist mit dem Rest der Person kausal – durch Beziehungen der Bedingtheit – verflochten. Doch die Dinge in uns, aus denen es sich ergibt, werden ihrerseits kausal von der Welt draußen bestimmt. Werden mein Denken, Wollen und Fühlen damit nicht zum bloßen Spielball des Weltgeschehens, so daß es ein Hohn ist, davon zu sprechen, daß ich über sie bestimmen kann? Macht uns das als Denkende und Wollende nicht zu bloßem Treibsand? Vieles, was ich will, geht darauf zurück, daß andere mir etwas gesagt und auf diese Weise dafür gesorgt haben, daß ich bestimmte Dinge glaube, fühle und will. Die anderen setzen Kausalketten in Gang, an deren Ende sich mein Erleben und dann mein Tun verändern. Werde ich dadurch nicht zum bloßen Instrument und Spielzeug der Anderen, zu einer Art Marionette? Wenn ich mich in jedem Moment in einem kausalen Kräftefeld von eigener Vergangenheit und fremdem Einfluß befinde: Wie kann da im Ernst noch von Selbstbestimmung die Rede sein? Ist das nicht bloß ein rhetorisches Manöver des Selbstbetrugs?

Doch so ist es nicht. Auch wenn meine Innenwelt aufs engste verflochten ist mit dem Rest der Welt, so gibt es doch einen gewaltigen Unterschied zwischen einem Leben, in dem jemand sich so um sein Denken, Fühlen und Wollen kümmert, daß er in einem emphatischen Sinne sein *Autor* und sein *Subjekt* ist, und einem anderen Leben, das der Person nur *zustößt* und von dessen Erleben sie wehrlos überwältigt wird, so daß statt von einem Subjekt nur von einem *Schauplatz* des Erlebens die Rede sein kann. Selbstbestimmung zu verstehen, heißt, diesen Unterschied auf den Begriff zu bringen.

Sich selbst zum Thema werden

Am Anfang steht eine Beobachtung von großer Tragweite: Es kennzeichnet uns Menschen, daß wir, was unsere Meinungen, Wünsche und Emotionen anlangt, nicht nur blind vor uns hinleben und uns treiben lassen müssen, sondern daß wir uns in unserem Erleben zum *Thema* werden und uns um uns selbst *kümmern* können.

Das ist die Fähigkeit, einen Schritt hinter sich selbst zurückzutreten und einen inneren Abstand zum eigenen Erleben aufzubauen. Diese Distanz zu sich selbst gibt es in zwei Varianten. Die eine ist eine Distanz des *Erkennens* und *Verstehens*: Was *ist* es eigentlich, was ich denke, fühle und will? Und wie ist es zu diesen Gedanken, Gefühlen und Wünschen *gekommen*? Zu dieser reflektierenden Einstellung gehört implizit ein wichtiger Gedanke: Es wäre auch möglich, etwas *anderes* zu denken, zu fühlen und zu wollen. Für Wesen wie uns, denen es um Selbstbestimmung gehen kann, ist die Kategorie des *Möglichen* von großer Bedeutung: der Gedanke, daß es nicht nur die eine, die eigene Weise gibt, ein menschliches Leben zu führen, sondern viele und ganz verschiedene. Selbstbestimmung verlangt einen Sinn für das Mögliche, also Einbildungskraft, Phantasie.

Noch deutlicher zeigt sich das bei der zweiten Variante der inneren Distanz, wo es um die *Bewertung* des eigenen Erlebens geht: Bin ich eigentlich zufrieden mit meiner gewohnten gedanklichen Sicht auf die Dinge, oder überzeugt sie mich nicht mehr? Finde ich meine Angst, meinen Neid und meinen Haß angemessen? Möchte ich wirklich einer sein, der diesen überkommenen Haß weiterträgt und diese Angst meiner Eltern weiterschreibt? Oder würde ich mich lieber als einen erleben, der der Versöhnung und Gelassenheit fähig ist? Und entsprechende Fragen können meinen Wünschen und meinem Willen gelten: Ist mir eigentlich wohl mit meinem Willen, der immer noch mehr Geld und Macht anstrebt? Möchte ich wirklich einer sein, der stets das Rampenlicht und den Lärm des Erfolgs sucht? Oder möchte ich lieber einer sein, der in der Stille von Klostergärten zu Hause ist? Es ist nichts mysteriös an diesem erkennenden und bewertenden Abstand, den wir zu uns selbst aufbauen können. Er bedeutet keine heimliche Verdoppelung der Person. Er besteht einfach in der Fähigkeit, Gedanken, Emotionen und Wünsche zweiter Ordnung zu entwikkeln, die sich auf diejenigen erster Ordnung richten. Aus dieser Fähigkeit heraus entsteht etwas, was für die Erfahrung von gelingender und scheiternder Selbstbestimmung von entscheidender Bedeutung ist: unser *Selbstbild*, unsere Vorstellung davon, wie wir sein möchten. Was wir jetzt sagen können, ist: Selbstbestimmt ist unser Leben, wenn es uns gelingt, es innen und außen in Einklang mit unserem Selbstbild zu leben – wenn es uns gelingt, im Handeln, im Denken, Fühlen und Wollen der zu sein, der wir sein möchten. Und umgekehrt: Die Selbstbestimmung gerät an ihre Grenzen oder scheitert ganz, wenn zwischen Selbstbild und Wirklichkeit eine Kluft bleibt.

Sich in sich auskennen

Doch der Gedanke klingt einfacher, als er ist. Denn woher kommt das Selbstbild, und wie hat man sich den Prozeß vorzustellen, durch den ich mit mir selbst zur Deckung kommen und mich mit dem Drama meiner Innenwelt identifizieren kann? Der innere Umbau, in dem diese Art von Selbstbestimmung besteht, geschieht nicht von einem inneren Hochsitz aus, der den Fluß des seelischen Lebens hoch und unberührbar überragte. Der Standpunkt, von dem aus ich mich beurteile, ist Teil dieses Flusses und beruht selbst wieder auf bestimmten Gedanken, Wünschen und Gefühlen. Und der Maßstab des Selbstbilds ist nicht unantastbar: Manchmal geht es nicht darum, sich einem solchen Bild zu beugen, sondern eine versklavende Vorstellung von sich selbst über Bord zu werfen. Und auch die Einflußnahme darf man nicht falsch deuten: Die innere Umgestaltung kann nicht einfach beschlossen und durch seelische Alchemie verwirklicht werden. Viele äußere Umwege sind nötig: Kulissenwechsel, neue Erfahrungen, neue Beziehungen, die Arbeit mit Trainern und Therapeuten. Das Ganze ist ein Kampf gegen die innere Monotonie, gegen eine Starrheit des Erlebens und Wollens.

Die beste Chance, den Kampf zu gewinnen, liegt in der Selbsterkenntnis. Wenn wir eine hartnäckige Zerrissenheit erleben, weil wir so ganz anders sind, als wir gerne sein möchten, dann geht es darum, den Quellen nachzugehen, aus denen sich sowohl das Selbstbild als auch das widerspenstige Erleben und Wollen speisen. Es kommt darauf an, denjenigen Unterströmungen des Fühlens und Wünschens auf die Spur zu kommen, die uns lenken, ohne daß wir es wissen und verstehen. Selbstbestimmung hat sehr viel damit zu tun, daß wir uns selbst verstehen. Jedes Leben ist viel reicher an Gedanken, Gefühlen und Phantasien, als die äußere Biographie zeigt. Und auch, als die innere, bewußte Biographie zeigt. Wer zu einem realistischen Selbstbild gelangen und mit ihm zur Deckung kommen will, muß versuchen, die Logik seines weniger bewußten Lebens zu durchschauen. Nur so lassen sich innere Zwänge und diejenigen Selbsttäuschungen auflösen, die der Selbstbestimmung im Wege stehen. Selbsterkenntnis ist dasjenige, was dazu führt, daß wir eine transparente seelische Identität ausbilden und dadurch in einem emphatischen Sinne zu Autor und Subjekt unseres Lebens werden können. Sie ist also kein freischwebender Luxus und kein abstraktes philosophisches Ideal, sondern eine sehr konkrete Bedingung für ein selbstbestimmtes Leben und damit für Würde und Glück.

Sich zur Sprache bringen

Doch wie genau machen wir das: uns befragen, uns verstehen, uns verändern? Es hat viel mit Sprache zu tun – mit dem Finden der richtigen Worte für das, was wir denken und erleben. Über sich selbst zu bestimmen, kann heißen, sich im eigenen Denken zu orientieren und seine Überzeugungen auf den Prüfstand zu stellen. Stimmt es eigentlich, was ich über dieses Land, diese Wirtschaftsentwicklung, diese Partei, diese Freundschaft und diese Ehe denke? Indem ich nach Belegen für oder gegen gewohnte Überzeugungen suche, eröffne ich einen inneren Prozeß, in dessen Verlauf sich diese Überzeugungen ändern können. Und wenn dieser Prozeß weitläufig genug ist, kann das zu einer Umgestaltung meines ganzen Meinungsprofils führen, zu einer Veränderung meiner gedanklichen Identität. Deshalb ist der Prozeß der Aufklärung über eine wichtige Sache ein Akt der Selbstbestimmung. Jemand mag eine Partei gewählt, sich zu einer Religion bekannt und gegen Abtreibung demonstriert haben, weil das in der Familie seit Generationen so war. Er war ein gedanklicher Mitläufer. Bis es ihm gelang, durch kritisches Nachfragen eine innere Distanz zu seinen Meinungsgewohnheiten aufzubauen und im Prozeß des Nachprüfens selbst die Regie über sein Denken zu übernehmen. Und das hat viel mit kritischer Distanz auch gegenüber den eigenen sprachlichen Gewohnheiten zu tun. Vieles, was wir zu denken und zu wissen meinen, ist dadurch entstanden, daß wir die Muttersprache nachgeplappert haben: Es sind Dinge, die man eben so sagt. Im Denken selbständiger, mündiger zu werden, bedeutet auch, wacher zu werden gegenüber blinden sprachlichen Gewohnheiten, die uns nur vorgaukeln, daß wir etwas denken. Diese Wachheit kommt in zwei Fragen zum Ausdruck: Was genau *bedeutet* das? Und: Woher eigentlich *weiß* ich das? Es gehört zu einem selbstbestimmten Leben, daß einem diese Fragen zur zweiten Natur werden, wenn von wichtigen Dingen die Rede ist wie etwa: Freiheit, Gerechtigkeit, Patriotismus, Würde, Gut und Böse. Über sich selbst zu bestimmen, heißt, unnachgiebig und leidenschaftlich zu sein in der Suche nach Klarheit und gedanklicher Übersicht. Diese Leidenschaft ist der platonischen, philosophischen Leidenschaft verwandt. Etwas kühn könnte man den methodischen Grundgedanken der platonischen Dialoge so formulieren: Man sollte sich hüten zu meinen, daß jeder grammatisch wohlgeformte Satz auch einen Gedanken ausdrückt; es gibt ungezählte Sätze, die an der Oberfläche in Ordnung sind, aber keinen echten gedanklichen Gehalt haben und eigentlich nur Geschwätz darstellen. Das ist es, was sich zeigt, wenn Sokrates die geläufigen Auskünfte über Gerechtigkeit, Bedeutung, Wahrheit und dergleichen auf den Prüfstand stellt und seine Gesprächspartner entdecken läßt, daß sie keine Ahnung hatten, wovon sie redeten. Die Gesprächspartner sind am Ende wacher als zuvor, wacher und mißtrauischer gegenüber vertrauten, aber gedanklich leeren Redeweisen. Deshalb pflegte ich meinen Studenten zu sagen: Philosophie ist diejenige Disziplin, in der die Idee des *Gedankens* ernster genommen wird als in jeder anderen. Und damit eben auch die Idee der Selbstbestimmung. Doch sprachliche Wachheit und Genauigkeit sind nicht nur dort entscheidend, wo es um unsere gedankliche Identität geht. Entscheidend sind sie auch, wenn wir nach unseren Wünschen und Affekten fragen und versuchen, sie zu verstehen und im Sinne der Selbstbestimmung zu beeinflussen. In den meisten Fällen beeinflußt das, was wir über eine Sache sagen, diese Sache nicht. Anders verhält es sich, wenn wir uns selbst zu erkennen und zu verstehen versuchen, indem wir das Erleben in Worte fassen. Wir haben gesehen: Wenn wir uns fragen, was wir über eine Sache denken, und uns dazu die Belege für die vermeintliche Überzeugung ansehen, so kann sich diese Überzeugung gerade dadurch, daß sie untersucht und besprochen wird, verändern. Man könnte sagen: Dann schafft das Erkennen das Erkannte, oder auch: Dann formt das Besprechen das Besprochene. Auch im Fall von Empfindungen und Wünschen gibt es einen solchen Zusammenhang, aber dort ist er komplizierter und unübersichtlicher. Vieles, was wir fühlen und wünschen, ist für uns zunächst undurchsichtig und diffus. Der Prozeß der Klärung, in dem wir uns die Situation und die Geschichte des Erlebens vor Augen führen, macht auch hier etwas mit dem Gegenstand: Indem wir die Gefühle und Wünsche identifizieren, beschreiben und von anderen unterscheiden lernen, wandeln sie sich zu etwas, das genauere Erlebniskonturen hat als vorher. Aus Gefühlschaos etwa kann durch sprachliche Artikulation emotionale Bestimmtheit werden. Und das kann man verallgemeinern: Wenn unsere Sprache des Erlebens differenzierter wird, wird es auch das Erleben selbst. Das ist mit dem Ausdruck *éducation sentimentale* gemeint.

Über solche Prozesse, in denen das Beschreiben und Verstehen unserer selbst nicht in einer einflußlosen Bestandsaufnahme besteht, sondern auch eine innere Umgestaltung mit sich bringt, könnte man sagen: Wir arbeiten durch Selbstbeschreibung an unserer persönlichen Identität. Das tun wir auch, wenn wir Unbewußtes in Bewußtes überführen, indem wir es zur Sprache bringen. Wenn wir eine neue Beschreibung für ein Erleben finden und nun beispielsweise wissen, daß es nicht nur Neid ist, was wir jemandem gegenüber fühlen, sondern auch Mißgunst, ist bei diese Sache ein neuer Grad an Bewußtheit erreicht. Es kann dann, indem wir uns die fragliche Beziehung und ihre Geschichte ansehen, zu der Einsicht kommen, daß die mißgünstige Empfindung in einer Kränkung begründet sein muß, die wir weggeschoben und in den Untergrund verbannt hatten – eine Demütigung vielleicht, die einen verleugneten Haß hatte entstehen lassen. Und dann kann diese hypothetische Einsicht kausale Kraft entfalten, die Macht der Zensur brechen und uns helfen, das verleugnete Gefühl endlich in vollem Umfang und voller Klarheit zu erleben. So kann aus Unbewußtem durch sprachliche Artikulation Bewußtes werden.

Das also sind zwei Weisen, in denen wir durch sprachliche Artikulation Einfluß auf unsere Affekte nehmen und den Radius der Selbstbestimmung nach innen ausweiten können: Differenzierung von bewußtem Erleben auf der einen Seite, Erschließen von Unbewußtem auf der anderen. Beide Prozesse tragen dazu bei, ein realistisches Selbstbild zu entwickeln, von dem aus wir zu unseren Empfindungen stehen und sie in unsere affektive Identität integrieren können. Und eine solche Integration ist, wie mir scheint, das einzige, was Selbstbestimmung hier heißen kann. Denn Affekte können weder ein- und ausgeschaltet noch einfach abgeschafft werden, und gegen den Versuch, sie durch stoischen Gleichmut außer Kraft zu setzen, spricht dieses: Wir wollen sie ja leben, die Affekte, nicht zuletzt deshalb, weil sie uns darüber belehren, was uns *wichtig* ist. Worauf es ankommt, ist, nicht ihr ohnmächtiger Spielball zu sein und sie nicht als Kräfte erleben zu müssen, die fremd in uns toben, sondern als bejahten Teil unserer seelischen Identität.

Erzählte Zeit

Wenn wir uns eine solche Identität erarbeiten, so spielt die Sprache noch auf eine andere Weise eine wichtige Rolle: Sie hilft uns, die Erinnerungen zu ordnen. Auch Wesen, die nicht über Sprache verfügen, haben natürlich Erinnerungen. Aber sie können unter ihnen nicht die Art von Zusammenhang herstellen und erleben, die durch sprachlich verfaßtes Erinnern möglich wird. Wenn sprechende Wesen sich an etwas erinnern, bleibt es selten beim isolierten Aufblitzen einer vergangenen Episode. Meistens wird die Episode als Teil einer Geschichte gesehen: Sich erinnern heißt meistens, sich und anderen die erlebte Vergangenheit erzählen.

Ein Selbst, könnte man sagen, ist ein Zentrum erzählerischer Schwerkraft: Ich bin derjenige, um den sich all meine Erzählungen der erlebten Vergangenheit drehen. Solche Erzählungen sind nie die getreue, neutrale Abbildung eines Erinnerungsfilms. Sie sind selektiv, bewertend und darauf aus, die Vergangenheit so aussehen zu lassen, daß sie zum eigenen Selbstbild paßt. Daher enthält jeder Erinnerungsbericht auch Elemente des Fabulierens, die eingefügt werden, um die erwünschte Stimmigkeit zu erreichen. Unsere Fähigkeit, die erlebte Vergangenheit in Worte zu fassen, hat deshalb zwei Gesichter: Auf der einen Seite erlaubt sie uns, ein Selbstbild zu entwickeln – das Portrait von jemandem, der die Vergangenheit auf bestimmte Weise durchlebt hat, um schließlich in dieser Gegenwart mit diesem Entwurf für die Zukunft anzukommen. Wir brauchen ein solches Selbstbild, um im eigenen Leben einen Sinn erkennen und mit diesem Leben weitermachen zu können. Auf der anderen Seite ist jedes Selbstbild ein Konstrukt von zweifelhafter Wahrhaftigkeit, voll von Irrtümern, Selbstüberredung und Selbsttäuschung. Hin und wieder revidieren wir das Selbstbild, wenn uns entweder die Wirklichkeit dazu zwingt oder wir eine Revision brauchen, um moralisch in einem besseren Licht dazustehen: Dann werden neue Erzählungen gewoben, neue Lebensgeschichten mit einer neuen Stimmigkeit, die mit forciertem Vergessen und tendenziösen Neubeschreibungen von Bekanntem erkauft werden.

So kompliziert, umwegig und manchmal trügerisch dieser Prozeß auch ist: Er ist ein wichtiges Element der Selbstbestimmung, denn er erlaubt uns, die Zeit nicht nur verstreichen zu lassen und zu erdulden, sondern in einem emphatischen Sinne zur Zeit unseres Lebens zu machen. Erinnerungen können ein Kerker sein, wenn sie uns gegen unseren Willen immer wieder überwältigen oder wenn sie, als verdrängte und abgespaltene Vergangenheit, unser Erleben und Handeln aus tückischem Dunkel heraus einschnüren. Wir können ihre Tyrannei nur brechen, wenn wir sie zu Wort kommen lassen. Als erzählte Erinnerungen werden sie zu verständlichen Erinnerungen, denen wir nicht länger als wehrlose Opfer ausgeliefert sind. Erinnerungen sind nicht frei verfügbar: Wir können ihr Entstehen nicht verhindern und sie nicht nach Belieben löschen. In diesem Sinne sind wir als erinnernde Wesen keine selbstbestimmten Wesen. Selbstbestimmt werden wir erst durch die Position des Verstehens: Indem wir ihre Wucht und Aufdringlichkeit als Ausdruck unserer seelischen Identität sehen lernen, verlieren die Erinnerungen den Geschmack der inneren Fremdbestimmung und hören auf, uns als Gegner zu belagern.

Das erzählerische Selbstbild, das dabei entsteht, läßt sich dann in die Zukunft hinein fortschreiben. Um nicht nur von Tag zu Tag in die Zukunft hineinzustolpern, sondern die Zukunft als etwas zu erleben, dem wir mit einem selbstbestimmten Entwurf begegnen, brauchen wir ein Bild von dem, was wir sind und was wir werden wollen – ein Bild, das in einem stimmigen Zusammenhang mit der Vergangenheit stehen muß, wie wir sie uns erzählen.

Und auch die Erfahrung der Gegenwart wird dadurch eine andere. Manchmal wollen wir uns von einer Gegenwart einfach überwältigen lassen – ohne Einfluß, ohne Kontrolle und auch ohne Worte. Doch als befreiend können wir das nur erleben, weil es im Hintergrund das erzählerische Netzwerk eines Selbstbilds gibt, das der vermeintlich unmittelbaren, sprachlosen Gegenwart ihre Bedeutung und ihr Gewicht gibt. Unverstandene Gegenwart kann mächtig sein, doch ihre Macht, weil sie uns nicht zu Wort kommen läßt, wird als bedrohlich und entfremdend empfunden. Intensive Gegenwart, die etwas mit uns selbst zu tun hat, ist verstandene, artikulierbare Gegenwart. So daß man sagen könnte: Die Schule der

Selbstbestimmung ist auch eine Schule der gelungenen Gegenwartserfahrung.

Literatur als mächtige Verbündete

Was ich bis hierher über unsere Gedanken, Wünsche, Affekte und Erinnerungen gesagt habe, läßt sich auch so ausdrücken: Selbstbestimmung bedeutet, daß wir sie uns *aneignen*. Das ist eine schwierige Aufgabe, in gewissem Sinne die schwierigste überhaupt. Doch wir sind dabei nicht allein. Es gibt die Literatur. Inwiefern kann sie uns helfen? Inwiefern trägt Lesen und Schreiben zu Aneignung und Selbstbestimmung bei?

Was wir in literarischen Texten lesen, eröffnet gedanklich ein Spektrum an Möglichkeiten: Wir erfahren, wie unterschiedlich es sein kann, ein menschliches Leben zu leben. Das hätten wir vorher nicht gedacht, und nun ist der Radius unserer Phantasie größer geworden. Einmal können wir uns jetzt mehr Lebensläufe vorstellen, mehr Berufe und soziale Identitäten, mehr Spielarten menschlicher Beziehungen. Doch auch was die Innenperspektive eines Lebens betrifft, wächst unsere Vorstellungskraft. Wir erfahren viel über die Entwicklung, das Gelingen und Scheitern seelischer Identitäten. Und auch darüber, worin Selbstbestimmung bestehen und wie sie mißlingen kann. Ein wachsendes Verständnis dieser Dinge, wie es durch Lesen von Literatur entsteht, ist von entscheidender Bedeutung, wenn einer nach der eigenen Selbstbestimmung sucht und sich fragt, was ihm wichtig ist und wer er sein möchte. So etwas findet man nur heraus, wenn man sich gedanklich in einem weiten Spielraum von Möglichkeiten situieren kann und weiß, was es alles gibt.

Wir hatten gesehen, wie wichtig für Selbstbestimmung das erzählerische Konstrukt eines Selbstbilds ist. Was wir aus Literatur lernen können, ist, wie man sich selbst erzählt. Kurzatmige Berichte über innere und äußere Episoden lernen wir schnell. Weitläufigere Geschichten über sich zu erzählen, ist schwieriger, sie erfordern einen Atem und einen Aufbau. Und was uns Literatur und eigentlich nur sie zu lehren vermag, ist die dramatische Zuspitzung, die den Kern eines Selbstbilds beleuchtet.

Mehr noch als das Lesen trägt das Schreiben einer Geschichte dazu bei, über das eigene Leben zu bestimmen und es im Sinne einer klareren Identität zu verändern. Eine Geschichte ist nur dann fesselnd und unwiderstehlich, wenn sie aus den Tiefen der unbewußten Phantasie kommt. Wer sie schreibt, muß dazu die innere Zensur lockern und zur Sprache bringen, was das Erleben sonst nur aus dem wortlosen Dunkel heraus einfärbt. Das kann eine gewaltige innere Veränderung bedeuten. Man ist nach einem Roman nicht mehr ganz derselbe wie vorher.

Man ist es auch deshalb nicht, weil sich das Verhältnis zur Sprache gewandelt hat. Literatur ist die kunstvolle sprachliche Vergegenwärtigung von Erfahrung. Dazu gehört der Versuch, zu einer eigenen Stimme zu finden, zu einer eigenen Melodie. Literarisches Schreiben ist die Anstrengung, den Wörtern ihre ursprüngliche Bedeutung und ihre poetische Kraft zurückzugeben. Wer in diesem Sinne schreibt, eignet sich die eigene Sprache noch einmal neu an. Dabei ist er auf Schritt und Tritt mit der Frage beschäftigt, welche Wörter zu ihm passen und welche nicht. Und nicht nur um einzelne Wörter geht es, sondern um den Rhythmus ganzer Sätze und ganzer Absätze – um die Musik der Worte also. Schreibend möchte man herausfinden, wer man ist, indem man herausfindet, wie man klingt. In diesem Klang kann sich zeigen, wie naiv oder zynisch man ist, wie melancholisch, enttäuscht oder wütend. Und das ist nicht ein distanziertes Herausfinden, das folgenlos bliebe. Das Entdecken der eigenen Stimme und des eigenen Klangs ist ein Geschehen, in dem wir uns verändern: Wir stoßen manches ab, was wir an falschem Klang in uns mitgeschleppt hatten, und probieren neue Worte aus und neue Rhythmen. Auch in diesem Sinn ist man nach einem Roman ein anderer als vorher.

Zu meinen frühesten und wichtigsten Erinnerungen zählen Bilder von Menschen, die still in einem Sessel sitzen und nur ab und zu die Seiten eines Buches wenden. Warum sie sich dabei nicht langweilten, fragte ich mich und kehrte zum Fußball zurück. Kaum hatte ich lesen gelernt, entdeckte ich Karl May und spürte das Bedürfnis, die Jalousien zu schließen, das aufdringliche Licht des Tages auszusperren und mich bei Lampenlicht – dem Licht der Nacht, des Träumens und der Phantasie – dem Fluß meines Erlebens, wie es sich aus der lesenden Einbildungskraft ergab, zu überlassen. Was ich las, kam mir wirklicher vor als das, was draußen geschah, denn es wirkte viel mehr in mir nach. So war es auch, wenn ich im Kino saß: Die Fiktion war wirklicher als das banale Geschehen, das mich störte, wenn ich nachher auf die Straße trat. Und so ist es geblieben: Ich habe das Gefühl, nur dann wirklich über mich selbst zu bestimmen, wenn ich der Drift meiner Einbildungskraft, der Schwerkraft meiner Phantasie folge.

Die Anderen: moralische Intimität

Nun habe ich lange darüber gesprochen, was einer mit sich selbst machen kann, wenn er ein selbstbestimmtes Leben führen möchte. Es ist Zeit, danach zu fragen, was die Anderen dabei für eine Rolle spielen. Selbstbestimmt zu leben, kann nicht heißen, von ihnen überhaupt nicht beeinflußt zu werden. Was wir denken, hat viel mit den Anderen zu tun: Wir teilen eine Sprache und eine Lebensform, wir werden unterrichtet und verlassen uns auf Autoritäten. Wir sind keine gedanklichen Inseln. Auch als Fühlende und Wünschende sind wir keine Inseln: Unsere Gefühle und Wünsche gelten oft den Anderen und hängen davon ab, was sie tun. Wie können wir unterscheiden zwischen einem Einfluß, der uns an der Selbstbestimmung hindert, und einem, der sie fördert? Es gibt nicht viele Fragen, die für das menschliche Zusammenleben so wichtig sind wie diese.

Wir erwarten voneinander, daß wir manchmal zugunsten Anderer auf die Verwirklichung unserer Wünsche verzichten. Wenn statt der eigenen die Interessen Anderer unser Tun bestimmen, denken und handeln wir vom moralischen Standpunkt aus. Denn das ist der Kern moralischer Achtung und Rücksichtnahme: daß die Interessen Anderer für uns Gründe sind, etwas zu tun oder zu lassen. Nun sind es nicht mehr meine eigenen Bedürfnisse, die mich bestimmen, sondern die fremden. Bedeutet das nicht einen Verlust an Selbstbestimmung?

So würden wir es erleben, wenn der Grund für das moralische Tun die Angst vor einer äußeren Autorität und ihrer Strafe wäre. Dann wären wir Knechte. Nicht viel anders wäre es, wenn die Angst eine Angst vor einer verinnerlichten Autorität wäre. Jetzt wären wir Knechte durch und vor uns selbst. Wenn moralisches Bewußtsein mit Selbstbestimmung verträglich sein soll, dann darf es nicht in Angst begründet sein und auch nicht in dürrer Pflichterfüllung. Es muß sich seinerseits als Ausdruck von Selbstbestimmung verstehen lassen.

Eine Möglichkeit ist, es im Sinne eines aufgeklärten, vernünftigen Eigeninteresses zu lesen: Es geht uns allen besser, wenn wir uns an moralische Spielregeln halten, denn dadurch wird der übrige Spielraum der Selbstbestimmung größer als in einem feindseligen Chaos. Doch das ist nicht die ganze Geschichte. Es gibt zwischen Menschen eine Art der Begegnung, die wir als in sich wertvoll erleben und die man *moralische Intimität* nennen könnte. In dieser Art der Begegnung können sich komplexe und tiefe moralische Empfindungen entwickeln, die unmöglich sind zwischen Leuten, die einander nur als auszurechnende Gegner sehen. Dazu gehören Empörung und Groll, moralische Scham und Reue, aber auch das Gefühl der Loyalität und der Bewunderung für moralische Größe. Durch diese Empfindungen werden Menschen füreinander in einer Weise wichtig, wie sie es als bloß vernünftige Partner im sozialen Spiel nicht werden könnten. Und sie werden nicht nur füreinander wichtig, sondern auch für sich selbst. Denn moralische Empfindungen werfen implizit stets die Frage danach auf, wer wir sein möchten – diejenige Frage also, die uns leitet, wenn es um Selbstbestimmung geht. Moralische Intimität ist eine Beziehung zwischen Menschen, in der sich ihre Fähigkeit zur inneren kritischen Distanz sich selbst gegenüber zeigt. Nur bei Wesen, die sich selbst befragen und über sich bestimmen können, ergibt es einen Sinn, von moralischer Scham und Reue zu sprechen. Moralische Intimität ist deshalb nichts, was die Selbstbestimmung gefährdet und zähneknirschend ertragen werden muß. Sie ist vielmehr der natürliche Ausdruck dieser Selbstbestimmung.

Der Blick der Anderen

Doch die Anderen können durchaus auch eine Gefahr für ein selbstbestimmtes Leben sein. Wir leben die meiste Zeit unter dem Blick der Anderen, und dieser Blick kann uns wegführen von uns selbst und hinein in ein entfremdetes Leben, das nicht mehr durch unsere Bedürfnisse definiert wird, sondern durch die Erwartungen der Anderen. La Bruyère, der französische Moralist, notierte: »Wir suchen unser Glück außerhalb von uns selbst, noch dazu im Urteil der Menschen, die wir doch als kriecherisch kennen und als wenig aufrichtig, als Menschen ohne Sinn für Gerechtigkeit, voller Mißgunst, Launen und Vorurteile: Welch eine Verrücktheit!« Er schrieb das, nachdem er von der Académie française zum dritten Mal abgelehnt worden war. Das, wovon er spricht, ist das Bedürfnis nach Anerkennung, der Wunsch, geschätzt und bestätigt zu werden in dem, was wir sind und tun. Es ist ein verführerisches, gefährliches Bedürfnis, und mancher wird durch frühes Lob zu einem Leben verleitet, in dem er eines Tages mit dem Gefühl aufwacht, sich selbst verpaßt zu haben. Und gefährlich ist das Bedürfnis auch in der anderen Richtung: Manchmal tut es nur weh, wenn die Anerkennung ausbleibt; aber es kann auch vernichtend sein, besonders dann, wenn zur Mißachtung noch Verachtung hinzukommt.

Wie können wir uns dagegen schützen, daß die Anderen solche Macht über uns haben?

Der Schutz kann nicht darin bestehen, daß wir Augen und Ohren verschließen. Wir können uns nicht in einer künstlichen inneren Festung einmauern, nur um nicht verletzt oder in eine falsche Richtung verführt zu werden. Sich selbstbestimmt zu entwickeln, kann nur heißen, dem Blick der Anderen zu begegnen und ihm standzuhalten. Am einfachsten wäre das, wenn wir allen Blicken mit einer unabhängigen seelischen Identität entgegentreten könnten. Doch eine Identität, die in ihrem Entstehen und ihrer Gültigkeit ganz von den Anderen unabhängig wäre, gibt es nicht. Und so kann eine selbstbestimmte Auseinandersetzung mit dem fremden Blick nur darin bestehen, sich stets von neuem zu vergewissern, wer man ist.

Auch bei dieser Frage geht es um Selbstbild und Selbsterkenntnis, doch jetzt mit ausdrücklichem Blick auf das fremde Urteil. Was an mir sehen die Anderen, was ich nicht sehe? Was für Selbsttäuschungen deckt der fremde Blick auf? Auf diese Weise kann ich den fremden Blick zum Anlaß nehmen, mein Selbstbild zu überprüfen und meiner Selbsterkenntnis eine neue Wendung zu geben. Doch es gibt auch die andere, die distanzierende Seite an dieser Selbstvergewisserung. Sie war es, die La Bruyère im Auge hatte: Vergessen wir nicht, daß die Anderen wirklich Andere sind und daß ihr Urteil über uns durch tausend Dinge verzerrt und verdunkelt ist, die allein mit ihnen zu tun haben und nicht mit uns. Selbstbestimmt zu leben heißt auch, diese Fremdheit auszuhalten.

Das tückische Gift der Manipulation

Das Bedürfnis, selbst über sein Leben zu bestimmen, ist auch das Bedürfnis, nicht *manipuliert* zu werden. Wir wollen keine Marionetten sein und keine Spielbälle fremder Interessen. Doch weglaufen geht oft nicht, und manchmal lassen wir uns absichtlich von den Anderen verändern in der Hoffnung, zu mehr Selbstbestimmung zu finden. Was also unterscheidet Einfluß, den wir als Manipulation empfinden, von Einfluß, der die Selbstbestimmung nicht bedroht, sondern fördert? Ich halte das für die tiefste und schwierigste politische Frage, die man aufwerfen kann.

Manipulation ist planvoller Einfluß, und es gibt intuitiv klare Fälle: Hypnose, Werbung ohne die Chance des Bemerkens, Täuschung und vorenthaltene Information, taktisches Ausnützen von Gefühlen, Gehirnwäsche, die jede eigenständige Meinungsbildung vernichtet.

Warum ist Manipulation ein Übel? Weil sie eine Beeinflussung ist, die keiner Kontrolle durch das Selbstbild zugänglich ist und uns in vielen Fällen vom Selbstbild entfernt und also innere Zerrissenheit schafft. In solchen Fällen werden wir als selbständige Personen übergangen und sind gar nicht richtig anwesend. Das ist grausam, denn es bedeutet einen Verlust an Würde.

Am tückischsten sind die undramatischen, unauffälligen Manipulationen durch akzeptierte oder sogar gepriesene Bilder, Metaphern und rhetorische Formeln. Es gibt Arten, über die Welt und uns Menschen zu reden, die jede Ausbildung eines eigenen, differenzierten Selbstbilds und eines selbstbestimmten Lebensstils verhindern. Fernsehen, Zeitungen und politische Reden sind voll davon, und es gibt jede Menge Mitläufer. Dem kann man nur Wachheit entgegensetzen im Sinne der Frage: Ist das wirklich die richtige Art, die Dinge zu beschreiben? Trifft das die Art, wie *ich* denke und empfinde? Und je größer die päpstliche Selbstgewißheit ist, mit der uns die lautstarken Formeln entgegenkommen, desto hartnäckiger muß die Nachfrage sein. Es geht um die eigene Stimme, von der schon die Rede war, und es geht um Echtheit, um Authentizität: darum, nicht das zu leben und zu sagen, was andere uns vorleben und vorsagen, sondern das, was der Logik der eigenen Biographie entspricht.

Ich würde gern in einer Kultur leben, in der Selbstbestimmung, wie ich sie beschrieben habe, ernster genommen würde, als sie es in unserer Gesellschaft tatsächlich wird. Zwar gelten das Handeln aus Gründen und die Freiheit der Entscheidung als hohe Güter. Doch wenn es um die komplexeren Formen der Selbstbestimmung geht, sieht es anders aus. Kritischer Abstand zu sich selbst; das Ausbilden differenzierter Selbstbilder und der schwierige, nie abgeschlossene Prozeß ihrer Fortschreibung und Revision; wachsende Selbsterkenntnis; die Aneignung des eigenen Denkens, Fühlens und Erinnerns; das wache Durchschauen und Abwehren von Manipulation, wie unauffällig auch immer; die Suche nach der eigenen Stimme: All das ist nicht so gegenwärtig und selbstverständlich, wie es sein sollte. Zu laut ist die Rhetorik von Erfolg und Mißerfolg, von Sieg und Niederlage, von Wettbewerb und Ranglisten – und das auch dort, wo sie nichts zu suchen hat. Die Kultur, wie ich sie mir wünschte, wäre eine leisere Kultur, eine Kultur der Stille, in der die Dinge so eingerichtet wären, daß jedem geholfen würde, zu seiner eigenen Stimme zu finden. Nichts würde mehr zählen als das; alles andere müßte warten.

Unnötig zu sagen: die Utopie eines Phantasten; eine phantastische Utopie. Daher der Konjunktiv in der Titelfrage.

Zweite Vorlesung

Warum ist Selbsterkenntnis wichtig?

Wir können keinen Schritt tun, ohne zu wissen, warum. Wenn wir den Grund vergessen haben, bleiben wir stehen. Erst wenn wir wieder wissen, was wir wollten, gehen wir weiter. Wir müssen, um handeln zu können, verstehen, was wir wollen und tun. Das gilt nicht nur für kurzfristige Handlungen wie die Fahrt zur Arbeit oder den Gang ins Kino. Es gilt auch für längere Folgen von Handlungen, die einen ganzen Lebensabschnitt prägen: ein Studium, die Gründung einer Familie, den Aufbau einer Firma, die jahrelange Arbeit an einem Buch. Auch hier können wir nur so lange weitermachen, wie wir verstehen, was darin für ein Wille zum Ausdruck kommt und wie er zu uns und unserem Leben paßt. Wenn uns dieses Verständnis verloren geht, kommen die Dinge zum Stillstand. Längerfristig handeln können wir nur, wenn wir eine Ahnung von der Richtung unseres Lebens haben, eine Vorstellung davon, wer wir sind.

Wenn das gewohnte Selbstverständnis nicht mehr trägt, kann das Bedürfnis entstehen, einen Schritt hinter das Bisherige zurückzutreten und sich grundsätzliche Fragen zu stellen: Wie bin ich eigentlich hierher gelangt? Warum passen meine gegenwärtigen Gedanken, Gefühle und Wünsche nicht mehr zu der Art, wie ich mein Leben bisher gelebt habe? Wie sind sie überhaupt beschaffen, diese Gedanken, Gefühle und Wünsche? Haben sie sich verändert, oder habe ich mich schon immer darüber getäuscht?

Nun geht es darum, die Wahrhaftigkeit und Plausibilität des bisherigen Selbstbilds zu überprüfen, das durch Konventionen, zufällige Begegnungen und eine zufällige Bildungsgeschichte geprägt wurde. Und es geht darum, denjenigen Triebkräften in mir nachzugehen, die durch das bisherige Selbstverständnis verstellt und verdunkelt wurden. Jetzt machen wir uns auf die Suche nach Selbsterkenntnis in einem emphatischen Sinne.

Wohin blicken?

Wie kann das geschehen? Wohin können wir blicken? Nach innen, möchte man meinen. Doch es nützt nichts, die Augen zu schließen und sich zu konzentrieren. Es gibt kein inneres, geistiges Auge, das mit seinem unsinnlichen Blick die Konturen der Innenwelt erkunden könnte, für die man dann nur noch die passenden Worte finden müßte. Denn die Welt unserer Gedanken, Gefühle und Wünsche ist kein abgekapselter, selbstgenügsamer Bereich, der sich ohne Blick nach außen verstehen ließe. Wenn wir wissen wollen, was wir über eine Sache denken – ein Gesetz etwa oder einen Krieg –, so müssen wir nicht nach innen blicken, sondern nach außen auf diese Sache. Wenn wir wissen möchten, was genau das Gefühl ist, das wir einer Person oder einem Ereignis entgegenbringen, so geht es darum, die Empfindung aus der Situation und ihrer Geschichte heraus zu verstehen. Nur so finden wir heraus, ob es sich um Wut oder Verachtung, um Liebe oder Bewunderung handelt. Und wenn wir wissen wollen, was unsere bestimmenden Wünsche sind, ist es manchmal nötig, uns selbst wie einem Fremden gegenüberzutreten und uns in unserem Tun wie von außen zu betrachten. Erst dann wird uns vielleicht klar, daß wir am liebsten allein leben möchten, im Verborgenen und nicht, wie wir dachten, im Rampenlicht.

Es wäre also ein Mißverständnis, Selbsterkenntnis in einer besonderen, nach außen hin versiegelten Innenschau zu suchen, und man muß – gegen alle sprachlichen Gewohnheiten – der Versuchung von Metaphern widerstehen, die davon handeln, daß ein erhellender innerer Blick Licht ins Dunkel des Denkens und Fühlens bringen könnte.

Das bedeutet nicht, daß es überhaupt keine introspektive Selbsterkenntnis gibt. Man kann dieser Idee eine nüchterne, unverfängliche Lesart geben, die einfängt, was wir alle kennen: Wir können durch Steigerung von Achtsamkeit und Aufmerksamkeit lernen, genauer zu spüren, wie uns zumute ist. Auf diese Weise können viele Dinge deutlicher werden: körperliches Empfinden, Emotionen und Stimmungen, die Einzelheiten von Erinnerungen, die Drift unserer Tagträume und Phantasien. Je besser wir in dieser Art von Achtsamkeit werden, desto bessere und verläßlichere Berichterstatter sind wir, was unsere momentane Gemütsverfassung anlangt. Und das ist natürlich ein wichtiger Bestandteil von Selbsterkenntnis.

Doch es ist nur der Beginn, und alles weitere erschließt sich nicht mehr durch eine Konzentration nach innen. So ist es bereits, wenn wir ein besseres Verständnis unserer Gegenwart zu erlangen suchen. Wir müssen – wie zu Beginn gesagt – wissen, warum wir etwas tun, um es tun zu können. Wir müssen eine Vorstellung von den Gründen haben, die uns in Gang setzen: von den leitenden Überzeugungen, Gefühlen und Wünschen. Und da gibt es große Unterschiede im Grad der Einsicht. Nicht beim Gang zum Kühlschrank oder zum Supermarkt; aber bei der Frage, warum wir einen Brief nicht beantworten, warum wir ein Versprechen brechen, warum wir etwas tun, das ein Studium oder eine Karriere beendet. So etwas kann man oberflächlich und kurzatmig verstehen, oder man kann ihm eine Deutung von größerem Umfang und größerer Tiefe geben. Und dann helfen Achtsamkeit und Aufmerksamkeit nicht mehr viel.

Worum es jetzt geht, ist eine Vergewisserung über tiefer liegende Überzeugungen, Hoffnungen und Befürchtungen. Eine solche Vergewisserung verlangt einen Blick in die Vergangenheit: auf die Entstehung unseres Fühlens, Denkens und Wollens. Wie bin ich in meinem Erleben geworden, was ich bin? Was waren die bestimmenden Faktoren, vielleicht auch Traumata? Wie hat sich ein Erleben aus einem anderen heraus entwickelt? Wieviel Stimmigkeit und Unstimmigkeit gibt es in meinem Denken und Erleben?

Um solche Fragen zu beantworten, muß ich mir nicht introspektiv gegenübertreten, sondern mit dem Blick von außen, nicht viel anders als bei dem Versuch, einen Anderen zu verstehen. Und ähnlich ist es, wenn ich mich in der Art erkennen will, in der ich zu meiner Zukunft stehe. Es kann erstaunlich schwierig sein zu wissen, was man sich, längerfristig gesehen, wünscht, was man anstrebt und hofft, wovor man sich fürchtet. Und oft ist der beste und einzige Weg, sich das vergangene Muster seines Tuns zu vergegenwärtigen und es hypothetisch in die Zukunft hinein fortzuschreiben.

Introspektive Feststellungen sind der Anfang. Hier bin ich spontaner Berichterstatter über den jetzigen Zustand meines Bewußtseins. Alles andere Erkennen meiner selbst ist ähnlich verfaßt wie sonstiges Erkennen der Welt auch: Man betrachtet, was geschehen ist, zieht seine Schlüsse, versucht, ein stimmiges Bild zu zeichnen, und ist bereit, es jederzeit auch zu revidieren. Bei all diesen Dingen betrachtet man sich nicht als Bewohner einer in sich transparenten Innenwelt, die der Außenwelt abgeschlossen gegenüberstünde, sondern als Teil der Welt insgesamt, der sich unter dem Einfluß der anderen Teile verändert und entwickelt.

Wo liegt die Autorität?

Wenn der Blick auf die Außenwelt nötig ist, um zu erkennen und zu verstehen, wer wir sind, dann sind wir für uns selbst nur in begrenztem Umfang eine Autorität. Jeder verbringt mit sich selbst am meisten Zeit und widmet sich die meiste Aufmerksamkeit. Deshalb weiß er über sich oft besser Bescheid als andere. Und es gibt sprechende Erfahrungen wie Tagträume, von denen nur er weiß. Doch das bedeutet nicht, daß es keine Irrtümer gibt, keine begründeten Zweifel und keine Notwendigkeit, sich in seinem Selbstbild zu korrigieren.

Wir können uns darin irren, was wir glauben. Wir hielten uns für jemanden mit einem liberalen, weltoffenen Denken und einem ausgeprägten Sinn für Gerechtigkeit, und dann, wenn es darauf ankommt, stellen wir erschrocken fest, daß wir chauvinistische Neigungen haben und an unseren Privilegien kleben. Diese Art von Irrtum hat viel damit zu tun, daß wir sprechende Tiere sind: Wir reden und reden und halten diese rhetorischen Gebilde am Ende für unsere Überzeugungen – bis es ans Handeln geht. Auch bei Emotionen und Wünschen kann es eine solche Kluft zwischen Rhetorik und Wirklichkeit geben. Es kann sein, daß man sich schämt und weglaufen möchte, daß die Rhetorik von Wut und Angriff aber besser zur Situation und den Erwartungen der Anderen paßt – und dann hält man sich für wütend und angriffslustig, bis die Situation sich ändert und man sich das wahre Empfinden eingestehen kann, manchmal mit einer Verzögerung von Jahren. Wie wir das Opfer unserer eigenen Rhetorik werden – darüber müßte man ein Buch schreiben.

Der Blick der Anderen kann die Korrekturinstanz sein. Aus ihm können wir lernen, daß wir vielleicht gar nicht das glauben, fühlen und wollen, was wir dachten. Die Kluft zwischen der Einsicht der Anderen und unserem Selbstbild kann groß sein, weil Selbstbilder anfällig sind für Selbsttäuschungen. Eine Selbsttäuschung ist ein interessegeleiteter Irrtum über uns selbst: Wir *möchten* einfach gerne einer sein, der so denkt, wünscht und fühlt – und dann porträtieren wir uns auch so. Besonders wichtig ist uns das, wenn es um *moralisch* bedeutsame Gedanken, Wünsche und Gefühle geht. Hier lügen wir oft nicht nur vor den Anderen, sondern auch vor uns selbst, und wir leisten erbitterten Widerstand, wenn uns ein Anderer zu erraten droht.

Erkennen und Eingreifen

Sich selber zu *erkennen*, ist auch eine Form, über sich selbst zu *bestimmen*. Selbsterkenntnis ist eng verwoben mit Selbstbestimmung. Davon habe ich bereits in der ersten Vorlesung gesprochen. In den meisten Fällen verändert die Anstrengung, eine Sache zu erkennen, diese Sache nicht. Wenn wir versuchen, die Planeten und ihre Bahnen zu erkennen, so verändern sich die Planeten und ihre Bahnen dadurch in keiner Weise. Das Erkennen greift nicht in seinen Gegenstand ein. Das gilt auch noch, wenn es unser Körper ist, den wir zu verstehen suchen: ihn zu verstehen, heißt nicht schon, ihn zu verändern. Anders verhält es sich, wenn wir uns erkennend mit unserem Denken, Erleben und Wollen beschäftigen. Wenn wir uns fragen, was wir über eine Sache denken, so kommt dabei nicht nur eine einzige, isolierte Überzeugung zur Sprache. Es geht bei dieser Prüfung stets um größere Stücke unserer Gedankenwelt, um komplexe Gebilde von Gedanken, die voneinander abhängen und sich wechselseitig stützen. Einen Gedanken wirklich zu kennen, heißt auch zu wissen, welche anderen Gedanken er voraussetzt und welche aus ihm folgen. Es heißt, mit anderen Worten, zu wissen, wie man ihn *begründen* kann. Wenn man Licht in die eigene Gedankenwelt zu bringen trachtet, so bedeutet das deshalb, die fraglichen Gedanken daraufhin zu prüfen, wie gut sie begründet sind. Dieser Prozeß des Prüfens kann weitreichende Folgen haben: Bisherige Überzeugungen können aufgegeben und durch andere ersetzt werden; es kann zu weitläufigen Veränderungen meiner Gedankenwelt kommen. Hier greift das Erkennen in das Erkannte ein. Auch bei Gefühlen und Wünschen gibt es einen Zusammenhang zwischen Erkennen und Verändern. Was wir fühlen und wünschen, ist für uns oft undurchsichtig und diffus. Es ist mit einer Unklarheit behaftet, die sich nicht durch größere Achtsamkeit und gesteigerte Aufmerksamkeit beseitigen läßt. Die innere Wahrnehmung zu schärfen, reicht nicht. Was wir brauchen, ist begriffliche Differenzierung. Ist die Beklommenheit, die uns bedrängt, Angst oder eher Ärger und Wut? Ist es Lampenfieber, die Angst vor dem Versagen oder die Angst vor unterdrückten Emotionen, die zum Ausbruch drängen? Und wenn es gar nicht wirklich Angst ist, sondern Ärger und Wut: Gegen wen oder was genau sind sie gerichtet? Und dieser Drang, der mich seit Jahren durchs Leben hetzt: Ist es einfache Geltungssucht, der Wunsch nach Glitter und Glamour, oder zeigt sich darin eine tiefere Sehnsucht nach Anerkennung? Ist es vielleicht der unablässige, überhitzte Wunsch, einem Versagen und einer Entlarvung wegen Hochstapelei zuvorzukommen?

Wenn uns solche Fragen beschäftigen, werden wir uns die Einzelheiten der Situationen vergegenwärtigen und die Entwicklung der Gefühle und Wünsche ansehen, ihren Ort in der Lebensgeschichte. Und das wird nicht ohne Folgen für das Erleben selbst bleiben. In dem Maße, in dem das innere Drama begrifflich transparenter wird und das lebensgeschichtliche Verstehen größer, müssen wir uns das Erleben und Wollen nicht länger verschleiern, sondern können es anerkennen als das, was es ist. Es kann dann eine neue Dynamik entfalten, sich auf neue Weise mit anderen Provinzen des Erlebens verbinden, und wir können es nun in neue Muster des Handelns einbinden. Es findet eine seelische Entwicklung statt, die bisherige, erstarrte Strukturen auflöst und neue Formen des Erlebens und Wollens möglich macht. Auch hier greift das Erkennen in das Erkannte ein, und Selbsterkenntnis wird zu Selbstbestimmung.

Hierhin gehört ein Thema, das ich bisher ausgespart habe: die Unterscheidung zwischen *Bewußtem* und *Unbewußtem*. Die Erweiterung von Selbsterkenntnis kann man als einen Prozeß deuten, in dem Unbewußtes in Bewußtes überführt wird. Doch man muß sich klar machen, daß das Verschiedenes bedeuten kann. Einmal kann gemeint sein, daß – wie früher beschrieben – die Wachsamkeit gegenüber Erlebnissen wächst, die uns bisher nur in unscharfer, diffuser Form gegenwärtig waren. Das muß noch nicht mit einer Schärfung in der begrifflichen Artikulation verbunden sein: Man kann etwas deutlicher spüren, ohne es damit schon besser klassifizieren zu können. Wenn eine neue begriffliche Identifikation dazukommt und wir nun beispielsweise wissen, daß es nicht Angst ist, was wir spüren, sondern Scham oder der Verlust von Selbstachtung, ist ein neuer Grad an Bewußtheit erreicht. Er kann zu einem wachsenden Verstehen der inneren Lebensgeschichte führen: Wir erfahren zum ersten Mal, was für Verfehlungen wir uns ankreiden, die so unerträglich schienen, daß wir sie vor uns selbst verbergen und in den seelischen Untergrund schicken mußten. Jetzt erst, wo wir die Macht der Zensur durchschauen lernen, können wir gegen sie arbeiten und zu einer neuen Einschätzung der fraglichen Tat gelangen, die es uns erlaubt, sie als einen annehmbaren Teil unseres Lebens anzuerkennen. Dann haben wir eine weitere, neue Art der Bewußtheit erreicht. Und auch auf diese Weise kann uns Selbsterkenntnis verändern.

Über solche Prozesse, in denen sich die Erkenntnis und das Verstehen unserer selbst nicht in einer einflußlosen Bestandsaufnahme erschöpfen, sondern zu einer inneren Umgestaltung führen, sagte ich in der ersten Vorlesung: Wir arbeiten durch Selbsterkenntnis an unserer persönlichen Identität. Wenn es darum geht, unsere Gedankenwelt auszuleuchten und uns zu vergewissern, was wir eigentlich denken, geht es um die Schaffung der intellektuellen Identität – darum, eine kohärente gedankliche Einstellung zu den Dingen zu finden, statt nur mit Gedankenfetzen und rhetorischen Schablonen auf sie zu reagieren. Und dazu gehört, daß wir gedankliche Provinzen, die weit auseinander zu liegen scheinen, miteinander in eine stimmige Verbindung bringen – Steuergerechtigkeit und den Kampf gegen globale Armut etwa, oder Bildung und Angst vor dem Tod. Wenn wir erkennend Einfluß auf unsere Wünsche und Emotionen nehmen, indem wir sie in ihrer Herkunft und tieferen Bedeutung verstehen lernen, geht es um etwas anderes: Jetzt kümmern wir uns darum, wer wir sein wollen, was uns wichtig ist und worum es in unserer Zukunft gehen soll.

Selbsterkenntnis durch Ausdruck

Von Max Frisch stammt der Satz: »Wer nicht schreibt, weiß nicht einmal, wer er nicht ist«. Wörtlich und in einem engen Sinne verstanden, klingt der Satz arrogant und auch abstrus: als sei es das Privileg einer Handvoll Schriftsteller, zu erkennen, wer sie nicht sind, und dadurch vielleicht sogar eine Ahnung davon zu bekommen, wer sie sind. Selbsterkenntnis als das esoterische Vorrecht einiger genialischer Wortakrobaten. Als sei die Geschichte der Literatur nicht voll von Leuten, die, was sie selbst anlangt, eine geradezu manische Blindheit an den Tag legten.

Doch so hat es Max Frisch sicher nicht gemeint. Wie dann? Seine Äußerung wird plausibel, wenn man sie von der Tätigkeit des Schreibens löst und verallgemeinert. Sie könnte dann lauten: Wer sich in dem, was er ist, nicht *ausdrückt*, verpaßt eine Möglichkeit zu erkennen, wer er ist. Die Idee wäre dann: Daß einer sich ausdrückt, ist nichts der Selbsterkenntnis Äußerliches, kein bloßes Dekor, das man ohne Verlust auch unterdrücken könnte; nein, im Gegenteil, die Zeichen meines Ausdrucks sind ein wertvolles, vielleicht sogar unverzichtbares Mittel, mich im Stil meines Lebens, in meiner stilistischen Individualität, zu erkennen. Das paßt gut zu dem früheren Gedanken, daß Selbsterkenntnis nicht in einem versiegelten Innenraum möglich ist, sondern den Weg über die Außenwelt gehen muß, dieses Mal über die Zeichen, die ich in der Welt setze, und die Spuren, die ich darin hinterlasse. Die Formen des Ausdrucks können ganz unterschiedlich sein und müssen nichts mit Worten zu tun haben. Wer man ist, kann sich auch an Tönen, Pinselstrichen und geformtem Material zeigen, an der Art zu filmen und zu fotografieren, zu tanzen und sich zu kleiden, sogar daran, wie man kocht oder den Garten gestaltet. All das kann eine Quelle von Selbsterkenntnis sein: Man betrachtet, was man gemacht und wie man es gemacht hat und sieht: So also bin ich auch.

Es gibt keinen planvollen Ausdruck, keinen eigenen Stil, ohne Phantasie: ohne die Fähigkeit, sich verschiedene Möglichkeiten vorzustellen, das Tatsächliche zu variieren, in der Vorstellung Unmögliches möglich zu machen. Sich am eigenen Ausdruck zu erkennen, heißt deshalb immer auch: sich an der eigenen Phantasie zu erkennen. An dem, was ich schaffe und aus mir heraussetze, erkenne ich die Bewegung, den Rhythmus und die Drift meiner Phantasie, das Gravitationszentrum meiner Einbildungskraft. Niemand hat diese Einsicht mit größerem Nachdruck und mit mehr Raffinesse in die Tat umgesetzt als Sigmund Freud. Der vielschichtigen, umwegigen Logik der Phantasie auf die Spur zu kommen und sie für Selbsterkenntnis zu nutzen: Das war sein großes, bleibendes Projekt.

Sich schreibend erkennen

Max Frisch hatte die besondere Form vor Augen, die dieses Projekt gewinnt, wenn jemand eine Geschichte erzählt und das kunstvoll tut. Ein literarischer Text ist eine kunstvolle sprachliche Vergegenwärtigung von Erfahrung. Ein Autor, indem er eine fiktive Geschichte entwickelt, versucht herauszufinden, wie genau er die Welt und sich selbst erlebt. Daß er dazu die Fiktion braucht, wo es doch um sein wirkliches Erleben geht, ist nur scheinbar paradox. Was Fiktion möglich macht, ist Verdichtung von Erfahrung, wie es sie im realen Strom des Erlebens selten gibt. Das Schreiben einer erfundenen Geschichte, könnte man sagen, schafft Laborbedingungen, um auf einen Teil der unübersichtlichen Innenwelt mit dem Mittel der dramatischen Zuspitzung ein ungewöhnlich helles und klares Licht zu werfen. Und wenn man es so sieht, ist es nicht mehr paradox, wenn einer, um sich selbst zu verstehen, einen anderen, Fremden erfindet.

Das erklärt auch unser unersättliches Bedürfnis nach fiktiven Geschichten: Wir spüren, daß wir hier mehr über die Innenwelt von Menschen erfahren als durch Berichte über wirkliche Begebenheiten. Fiktive Figuren, gerade weil sie die besondere literarische Dichte besitzen, laden zu Identifikation und Abgrenzung ein, und dadurch werden sie zu einem Medium der Selbsterkenntnis. Würde ich, fragt sich der Leser, in den gleichen Sog des Verbrechens hineingezogen wie die Figuren bei Georges Simenon oder Patricia Highsmith? Würde ich auch ausbrechen wie Madame Bovary? Würde auch ich, wie Gustav Aschenbach bei Thomas Mann, trotz der Pest zurück auf den Lido von Venedig fahren, um den polnischen Jungen noch einmal zu sehen? Wenn es darum geht, die inneren Konturen und die inneren Möglichkeiten meines Lebens zu erkunden, dann sind solche Exerzitien der einfühlenden Phantasie von unschätzbarem Wert.

Vor allem aber ist das Schreiben eines erzählerischen Textes eine reiche Quelle der Selbsterkenntnis. Es gibt da auf vielen, sehr unterschiedlichen Ebenen etwas über sich selbst zu lernen. Am leichtesten zugänglich kann diejenige Ebene erscheinen, auf der es um das gewählte Thema geht. Ob jemand eine Geschichte ganz aus sich selbst heraus schreibt, ob er sie um ein reales Ereignis herum rankt oder gar einen historischen Roman schreibt: Nie ist es Zufall, was er sich aussucht. Es bedarf enormer seelischer Energie, um eine Geschichte zu schreiben, und man kann gar nicht anfangen, wenn man nicht spürt, daß der Stoff einen in einer Tiefe berührt und beschäftigt, aus der heraus die nötige Energie fließen wird. So daß sich an der thematischen Wahl zeigt, welche Konflikte, welche Verletzung, Sehnsucht und Vorstellung von Glück den Schreibenden bewegen.

Dabei entdeckt sich der Schreibende auf Schritt und Tritt für sich selbst: Wie erschrocken und auch belustigt war ich, in Philipp Perlmann das Ausmaß meiner kriminellen Energie kennenzulernen! Wie groß und tief waren die Verbitterung und das Ressentiment, die in Fritz Bärtschi hineinflossen, in den Klavierstimmer, dessen Partituren stets zurückkamen! Wie schrecklich die Erfahrung des schwindenden Selbstvertrauens, von der ich in meinem letzten Buch erzähle! Man muß seinen eigenen Händen am Steuer nicht mißtrauen, um von einem zu erzählen, der es tut. Trotzdem ist die Wahl des Themas sprechend. Und es gilt daran zu erinnern, was ich früher sagte: Manchmal entdecken die Anderen mehr als man selbst.

Für die Anderen schwerer zugänglich sind all die Dinge, die weniger mit dem Thema zu tun haben als mit der Art, wie es erzählt wird. Mit all den Dingen also, die Literatur zu Literatur machen. Einmal betrifft das die Erfahrungen, die man bei der Wahl der Erzählperspektive macht. Für jede Erzählung ist eine sprachlich wie psychologisch folgenreiche, man könnte auch sagen: dramatische Entscheidung nötig: Erzähle ich von außen, in der dritten Person, oder lasse ich die Figuren aus einer Ich-Perspektive heraus sprechen? Es sind ganz unterschiedliche Dinge, die ich in den beiden Fällen über mich lernen kann.

Erzähle ich von außen, so muß entschieden werden, ob die Sprache eine Sprache des reinen Verhaltens und Tuns sein soll oder eine Sprache, die auch eine Innenwelt vergegenwärtigt. Und meine Wahl wird mich darüber belehren, welches Verhältnis ich zu den Figuren und zu der Atmosphäre der Geschichte habe – und das wiederum lehrt mich vieles über das Thema, wie es mich in mir selbst beschäftigt. Auch muß entschieden werden, auf welcher Stilebene erzählt wird – ob es die geradlinige Sprache des Autors sein soll, oder eine Sprache, in die, obgleich es eine Sprache der dritten Person ist, in Wortwahl, Melodie und Rhythmus die Innenwelt, die stilistische Individualität der besprochenen Figuren einfließt. So habe ich es beispielsweise im *Nachtzug nach Lissabon* gemacht, wo noch in den unauffälligsten Sätzen, die Gregorius einfach durch die Stadt gehen lassen, die besondere Art zu spüren ist, in der er in der Welt ist. Eine Atmosphäre – sie ist das absolut Wichtigste an einem Buch, und aus ihr spricht wie aus nichts sonst die Seele des Autors.

Ganz andere Dinge lerne ich, wenn ich die anfängliche, dramatische Entscheidung anders treffe und die Figuren auslote, indem ich sie selbst sprechen lasse. Dann muß ich ihnen die Worte geben, die für sie kennzeichnend sind. Klingt einfach und ist unendlich schwer. Und wiederum eine reiche Quelle der Selbsterkenntnis. Denn nun muß ich planvoll und konsequent weg von meinem eigenen Idiom und meiner eigenen Melodie, hinein in einen ganz anderen, fremden Rhythmus. Und es ist die Erfahrung dieser Fremdheit, in der ich mein eigenes Idiom erst richtig als das ganz eigene hören und erkennen lerne, ein Idiom, das wie ein Spiegel ist. Hier gilt am unmittelbarsten, was Frisch im Auge hatte: erkennen, wer man nicht ist, indem man aus sich heraustritt, hinein in jemanden, der man nicht ist.

Wirklich große Schriftsteller sind solche, die dabei eine besonders große Distanz zu überbrücken vermögen. Ich denke an *The Catcher in the Rye*, in dem Jerome David Salinger Holden Caulfield in Skaz, dem Jargon eines Teenagers, seine Erlebnisse erzählen läßt. Und dann der unerreichte Gipfel perspektivischer Erzählkunst: William Faulkner, der in *The Sound and the Fury* dasselbe Familienschicksal aus vier verschiedenen Perspektiven erzählt, darunter aus der Perspektive von Benjy, einem schwachsinnigen Kind. Das ist unglaublich gut; man kann wirklich kaum glauben, daß einer so etwas kann. Wie er es denn gemacht habe, wurde Faulkner gefragt. »Whisky«, sagte er, »ein bißchen Tabak und viel Whisky.«

Neben der Sache mit der Erzählperspektive sind auch Wortschatz und Stil etwas, in dem ich mich erkennen lerne. Den Stift in der Hand, frage ich mich: Welche Wörter, welche Worte gehören zu mir, welche nicht? Bei welchen ist mir wohl, bei welchen nicht? Warum? Ich habe bei jedem Buch zwei Listen von Wörtern, eine rote und eine schwarze. Auf der schwarzen stehen diejenigen Wörter, denen ich leicht verfalle, die aber zu dieser Geschichte und diesen Figuren nicht passen und unbedingt zu vermeiden sind. Auf der roten sind diejenigen Wörter, die zu der Atmosphäre des Buchs passen und sie befördern könnten, die mir aber nicht spontan zur Verfügung stehen. So sind über die Jahre viele Listen entstanden. Einige davon verstehe ich noch, andere nicht mehr. Und auch das ist eine Form von Selbsterkenntnis: sich vergegenwärtigen, welchen Weg durch die eigene Sprache man im Laufe seines Lebens genommen hat.

Wie beschreiben wir es am besten?

Selbsterkenntnis kann wachsen. Wie beschreiben wir solchen Fortschritt am besten? Was ist der richtige Kommentar, was sind die richtigen Metaphern und Begriffe?

Wir könnten sagen, daß es wie bei der Naturerkenntnis darum geht, immer mehr *Tatsachen* über uns selbst zu entdecken. Und wir könnten es mit der Metapher von *Oberfläche* und *Tiefe* versuchen: Es geht darum – würden wir sagen –, in uns immer tiefer zu graben, bis wir auf Grund gekommen sind, was unsere gedankliche und emotionale Identität anlangt. Damit wäre die Vorstellung verknüpft, daß es bei Selbsterkenntnis darauf ankommt, zwischen Schein und Wirklichkeit zu trennen und herauszufinden, wer wir *eigentlich* sind.

Doch das ist nicht die einzige Art, sich die Sache zurechtzulegen. Wir könnten sagen, daß es nicht um die Annäherung an seelische Tatsachen geht, sondern um das *Entwickeln von Erzählungen* über uns selbst, die möglichst vieles an unserem Leben in einen stimmigen Zusammenhang bringen, so daß wir uns gegenseitig und vor uns selbst verständlich finden. Fortschritt wäre dann nicht ein Vordringen in die Tiefe, sondern das Entwikkeln und Erfinden immer neuer Beschreibungen unseres Lebens, die uns helfen, uns und unsere Beziehungen zu den Anderen *fortzuentwickeln*. So gesehen gäbe es in keinem emphatischen Sinne eine Wahrheit über mich selbst, und es ließe sich in keinem absoluten Sinn unterscheiden zwischen dem, was ich eigentlich bin, und dem, was ich nur zu sein scheine.

Nach der ersten Deutung besteht das Aufdecken einer Selbsttäuschung darin, die wahren Tatsachen freizulegen. Nach der zweiten handelt es sich darum, ein Stück in einer Geschichte, das nicht paßt, durch eines zu ersetzen, das sich besser einfügt.

Obwohl mich die Frage, welcher von beiden der richtige Kommentar ist, seit der Zeit meines Studiums beschäftigt, ist es mir nie gelungen, zu einer wirklich beständigen Meinung darüber zu gelangen. Es ist befreiend, John Dewey, Nelson Goodman und Richard Rorty dazu zu lesen – über sprachlich gemachte und erfundene Phänomene und Welten, über Erkennen als Tun, über den Starrsinn und Irrsinn einer realistischen Deutung von Wahrheit und Erkennen. All das ist befreiend und charmant, und oft schon habe auch ich es nachgesprochen. Doch dann denke ich an Erfahrungen, die ich selbst mache und die oft genug auch meine literarischen Figuren machen: daß man *spürt*, ganz *genau* spürt, wo das Gravitationszentrum der eigenen Emotionen liegt, und daß der natürliche, der *einzig* natürliche Kommentar dazu ist: Das ist die *Wahrheit*, so sind die inneren *Tatsachen*, und wie sie sind, hängt nicht an irgendeiner naseweisen Geschichte, die ich mir so oder auch anders zusammenreimen könnte. Was also ist richtig? Um die Wahrheit zu sagen: Ich weiß es bis heute nicht.

Warum nun ist sie wertvoll, die Selbsterkenntnis?

Zum Glück muß ich es auch nicht wissen, um nun diejenige Frage zu beantworten, die mich im Rest dieser Vorlesung beschäftigen soll: Was kann das Motiv sein, nach den wahren Tatsachen oder der besten Geschichte über uns selbst zu suchen? Warum ist Selbsterkenntnis *wertvoll*?

Den einen Grund habe ich zu Beginn schon genannt: Wir brauchen sie, wenn unser Leben und unser Empfinden nicht mehr zusammenpassen. Wir müssen uns dann neu sehen und verstehen lernen, um die Krise überwinden und weitermachen zu können. Das ist ein gewichtiger, lebenspraktischer Grund, und er zeigt: Die Suche nach Selbsterkenntnis ist kein Luxus, kein künstliches, philosophisches Ideal nur für wenige.

Doch es gibt noch andere Gründe, nach ihr zu suchen. Wir kennen ein Bedürfnis nach Wahrhaftigkeit, nach intellektueller Redlichkeit: Wir möchten unser Leben nicht hinter einem Schleier von Täuschungen und Selbstbetrug leben. Das gilt einmal für die Welt außerhalb von uns: Zwar gibt es Zeiten, wo wir bedrängende und verletzende Dinge ausblenden oder schönreden, um von ihnen nicht erdrückt zu werden. Doch auch in solchen Zeiten haben wir oft ein verstecktes, leise tickendes Empfinden, das uns sagt, daß wir uns den Dingen eines Tages stellen müssen. Dieses Empfinden hat mit einem Phänomen zu tun, das leicht zu benennen, aber schwer zu verstehen ist: Selbstachtung. Wir können uns nicht achten – und manchmal kommt es zu ausdrücklicher, vehementer Verachtung –, wenn wir uns dabei ertappen, daß wir einer unangenehmen Wahrheit schon wieder ausgewichen sind.

Das gilt auch und vielleicht sogar in besonderem Maße, wenn es um eine Wahrheit geht, die uns selbst betrifft. Es kann sich dabei um ganz verschiedene Dinge handeln: Ich müßte mir endlich eingestehen, daß mir eine Fähigkeit, die ich so gerne hätte, einfach fehlt, etwa die Leichtigkeit im Lernen von fremden Sprachen. Ich sollte aufhören, mir innere Unabhängigkeit und Gelassenheit vorzugaukeln, wo ich in Wirklichkeit unablässig auf die Meinung der Anderen schiele. Ich sollte aufhören, eine vergangene Verfehlung stets von neuem aus dem Selbstbild tilgen zu wollen. Ich sollte endlich zu mir stehen, wie ich bin.

Es ist nicht ohne weiteres klar, worin dieses Bedürfnis wurzelt; denn warum sollte es mir im Schutz von wasserdichten, perfekt funktionierenden Lügen über mich selbst nicht besser gehen? Aber es ist so: Selbstachtung und das Streben nach Selbsterkenntnis sind auf diese Weise verknüpft. Und diese Verknüpfung ist ein wichtiger Grund, warum es uns zu einem gelingenden Leben zu gehören scheint, daß wir uns in der Art, wie wir leben, richtig verstehen.

Ein weiterer Grund ist die Bedeutung, die Selbsterkenntnis für das Ideal eines selbstbestimmten Lebens hat. Selbstbestimmung kann nach außen hin gelesen werden: Dann bedeutet sie Bewegungsfreiheit. Man kann sie aber auch nach innen lesen: Dann geht es darum, daß ich im Denken, Erleben und Wollen so bin, wie ich sein möchte. Entsprechend fehlt mir die Selbstbestimmung, wenn Erleben und Selbstbild auseinanderklaffen. Wenn sie es tun, erfahren wir das als Beeinträchtigung der inneren Freiheit, als inneren Zwang. Etwa, wenn ich das Spielcasino gegen besseres Wissen betrete; wenn ich chauvinistisch wähle, obwohl ich mich als Weltbürger sehen möchte; wenn ich kleinlich und rachsüchtig fühle und handle, obwohl ich mich gerne großzügig und nachsichtig erleben würde; und wenn ich aller Erfahrung zum Trotz stets von neuem die Art von Lebenspartner wähle, mit denen es garantiert schiefgeht. Diesen Mangel an innerer Selbstbestimmung erfahren wir als Zerrissenheit. Und dann kommt es auf Selbsterkenntnis an: darauf, diese Zerrissenheit in ihrer Herkunft, ihrer Logik und Dynamik zu verstehen. Erst dieses Verstehen ermöglicht später auch ein Verändern, einen Bruch mit dem inneren Zwang und eine Öffnung für neue Arten des Erlebens und Handelns. Er versuche, seinen Patienten die verlorene innere Freiheit wiederzugeben, pflegte Freud zu sagen. Selbsterkenntnis also als Quelle von Freiheit und damit von Glück. Dazu gehört auch ein befreites Verhältnis zur Zeit des eigenen Lebens. Erinnerungen können ein Kerker sein, sie können eine lähmende Wendung nach rückwärts erzwingen und einen befreiten Blick in die Zukunft verhindern. Ihre Tyrannei können wir nur durch Selbsterkenntnis brechen: dadurch, daß wir verstehen, woher ihre zwanghafte, erstickende Macht kommt, an welche verborgenen Dinge sie rühren, und wie es zu verstehen ist, daß es dem späteren Leben nicht gelungen ist, ihr Gewicht zu relativieren. Auch was die Zukunft anlangt, kann ein wachsendes Verständnis unserer selbst entscheidend sein. Denn auch unbewußte Entwürfe können ein Kerker sein. Ich kann, ohne es zu erkennen, der Meinung sein, daß man mich nur mag, wenn ich stets von neuem Leistung auf Leistung türme, eine unerkannte, durch und durch unvernünftige Furcht vor Mißachtung und Einsamkeit kann mich im Würgegriff halten, und so kann es kommen, daß ich unter der Last meines Leistungswillens durch mein Leben hetzte, ohne es zu leben. Erst wenn ich erkenne, was da für Kräfte am Werk sind, habe ich die Chance, die Dinge zu verändern.

Das sind bereits eine ganze Reihe von Gründen, warum Selbsterkenntnis wertvoll ist, wertvoll allein schon für mich selbst. Nicht weniger gewichtig sind die Gründe, die mit den Anderen und meiner Beziehung zu ihnen zu tun haben. Es ist uns wichtig, mit anderen in moralischer Intimität zu leben, geleitet von dem Wunsch, auf ihre Bedürfnisse Rücksicht zu nehmen, und von der Erwartung, daß sie das auch für uns tun. Daß die Bedürfnisse der Anderen für mich ein Grund sind, etwas zu tun oder zu lassen, ist der Kern des moralischen Standpunkts. Entsprechend ist es das Wesen von Grausamkeit, daß ihr diese Einstellung fremd ist: Die Anderen kommen nur als Mittel, als Instrument zur Befriedigung meiner eigenen Bedürfnisse vor. Um nun die Anderen als Andere achten und in ihren eigenen Bedürfnissen respektieren zu können, muß ich sie *als* Andere erkennen, und das wiederum setzt voraus, daß ich weiß, wie ich selbst bin. Oft scheitert moralischer Respekt einfach an Blindheit uns selbst gegenüber. Und nicht anders ist es mit Grausamkeit. Je geringer die Übersicht über die Motive des eigenen Tuns, desto größer die Gefahr der Grausamkeit. Viele Grausamkeiten geschehen, weil wir unseren Neid, unsere Mißgunst, unsere verborgene Schadenfreude und unseren verleugneten Haß nicht kennen. Und so kann uns fehlende Selbsterkenntnis sogar um die Chance bringen, einen ausdrücklich moralischen Willen in die Tat umzusetzen.

Doch nicht nur um das Vermeiden von Grausamkeit geht es, sondern auch um die Echtheit einer Beziehung. Sich zu kennen, heißt, zwischen der Art unterscheiden zu können, wie der Andere ist, und der Art, wie man ihn gerne hätte. Es heißt, seine eigenen Projektionen durchschauen zu können. Und es hilft auch, die Projektionen der Anderen zu erkennen und nicht blind ihr Opfer zu werden. Das ist wichtig, damit wir uns mit echten, wechselseitigen Gefühlen und Wünschen begegnen können und uns nicht wie Potemkinsche Fassaden gegenüberstehen, bei denen die Gefühle ins Leere gehen.

Menschen, die sich mit sich selbst auskennen, begegnen sich anders als solche, die keine Übersicht über sich besitzen. Die Begegnungen sind wacher, sorgfältiger und interessanter. Auch deshalb ist Selbsterkenntnis ein hohes Gut.

Dritte Vorlesung

Wie entsteht kulturelle Identität?

Die Identität eines Menschen wird nicht nur durch die Gegebenheiten seines Körpers bestimmt: die Gene, den anatomischen Aufbau und das physiologische Geschehen. Menschen haben auch eine kulturelle Identität. Wer jemand ist und als wer er sich erlebt, wird maßgeblich bestimmt durch das komplexe Gewebe von bedeutungsvollen, sinnstiftenden Aktivitäten, das wir Kultur nennen. Menschen schaffen sich ein solches Gewebe, um sich ihre Beziehung zur Natur, zu den anderen Menschen und zu sich selbst zurechtzulegen. Diese Orientierung betrifft sowohl unsere Gedanken als auch unsere Gefühle, und sie dient uns als Leitfaden des Wollens und Handelns. Das kulturelle Gewebe, in dem Menschen leben, ist weder einheitlich noch unveränderlich. Es kann von Gemeinschaft zu Gemeinschaft sehr unterschiedlich gewoben sein, und es verändert sich über die Zeit. Die kulturelle Identität eines Menschen ist sein Ort in einem solchen Gewebe zu einer bestimmten Zeit.

Bildung ist die wache, kenntnisreiche und kritische Aneignung von Kultur. Es ist dieser Prozeß der Aneignung, in dem sich jemand eine kulturelle Identität schafft. Man kann an diesem Prozeß verschiedene Stufen unterscheiden, und die folgenden Überlegungen sind ein Nachdenken über diese Stufen. Die Ausgestaltung der Stufen unterscheidet sich je nach dem Aspekt oder der Dimension, die wir an einer Kultur betrachten. Damit ist der Aufbau dieser Vorlesung klar: Ich werde die wichtigsten Dimensionen einer Kultur durchgehen und mich fragen, wie die Stufen der Aneignung hier aussehen können. Dadurch, hoffe ich, entsteht ein differenziertes und übersichtliches Bild von dem, was man unter kultureller Identität und ihrer Bildung verstehen kann.

Der Schlüssel zu allem: Sprache

Die grundlegende Fähigkeit, die uns zu Kulturwesen macht, ist die Sprache. Warum? Weil die wichtigste gedankliche Leistung einer Kultur das Verstehen ist, und weil es die Sprache ist, die uns zu solchem Verstehen befähigt. Bevor wir über Worte und Sätze verfügen, sind wir blind den kausalen Kräften der Welt ausgesetzt. Mit dem Erlernen von Sprache ändert sich unsere Position der Welt gegenüber: Weil wir auf ihre kausale Macht nun mit einem System von Symbolen reagieren können, wird sie zu einer verständlichen Welt, die wir uns gedanklich anzueignen vermögen. Das gilt für die Natur ebenso wie für die anderen Menschen, und es gilt auch für uns selbst. Ob es darum geht, ein Naturereignis zu verstehen, oder die Handlung eines anderen, oder unser eigenes Erleben: Dadurch, daß wir diese Dinge zur Sprache bringen können, werden sie für uns verständlich. Die Sprache verwandelt die Welt als eine Dimension blinder kausaler Kräfte in eine Dimension verständlichen Geschehens.

Die Sprache kann das, weil sie uns die begriffliche Organisation von Erfahrung ermöglicht. Begriffe sind Prädikate, also Wörter in Aktion. Sie helfen uns, die Gegenstände und Ereignisse, die uns begegnen, zu klassifizieren und einzelne Fälle als Beispiele für etwas Allgemeines zu verstehen. Ohne Sprache ginge das nicht: Es würde dann bei bloßen Arrangements von sinnlichen Eindrücken bleiben, und Anschauungen ohne Begriffe sind blind. Durch sprachliche Beschreibungen entfernen wir uns von den bloß sinnlichen Konturen der Dinge und verstehen sie aus einer Perspektive heraus, die wir nur deshalb einnehmen können, weil wir uns mit dem Erlernen einer Sprache ein System von Kategorien angeeignet haben, das Licht auf die Dinge wirft.

Das konnten wir nur als Mitglieder einer Gemeinschaft. Sprachen sind Symbolsysteme, und Symbole sind, was sie sind, kraft bestimmter Regeln. Es sind nicht

Regeln, die natürliche Regularitäten wie etwa die Planetenbahnen beschreiben. Es sind konventionelle Regeln, die wir nicht gefunden, sondern gesetzt haben, und sie haben den Charakter von Normen, indem sie angeben, wie ein Symbol gebraucht werden *soll*. Mit solchen Regeln geht die Unterscheidung von richtigem und falschem Gebrauch einher, für die wir die Anderen als Entscheidungsinstanz brauchen. Kulturwesen als sprachfähige Wesen sind nicht bloß faktisch, sondern aus begrifflichen Gründen Mitglieder einer Gemeinschaft.

Was nun kann es heißen, sich Sprache anzueignen und damit einen ersten Schritt zu einer kulturellen Identität zu tun? Die erste Stufe der Aneignung ist das Erlernen der Muttersprache durch Nachplappern, ein Prozeß der Gewöhnung und Konditionierung, man könnte auch sagen: des Abrichtens. Ich wachse in die Sprache hinein, indem ich durch Belohnung und Korrektur zu einem unauffälligen Benutzer ihrer Wörter werde. Ich lerne die Regeln durch blindes Befolgen. Am Ende ist meine sprachliche Identität diejenige eines Sprechers, der ohne Nachzudenken sein Können abruft.

Das ändert sich auf einer zweiten Stufe der Aneignung. Hier geht es um eine ausdrückliche Beschäftigung mit dem, was vorher nur als blinde Gewohnheit, als blindes Können da war: Ich lerne die Grammatik meiner Sprache kennen und erwerbe eine bewußte Kenntnis ihrer Regeln. Dazu kommen eine Erweiterung des Wortschatzes, die Entdeckung von Synonymen und das Besprechen von Angemessenheit und Unangemessenheit der Worte in den vielfältigen Kontexten des Lebens. Jetzt bin ich jemand, der nicht nur *in* der Sprache, sondern auch *über* sie sprechen kann. Das gibt meiner kulturellen Identität als sprechendes Wesen eine neue Dimension an Artikuliertheit, Nachdenklichkeit und Transparenz.

Die Transparenz vergrößert sich weiter, wenn ich von der expliziten *Kenntnis* meiner Sprache zu einem vertieften *Verstehen* übergehe. Das ist die dritte Stufe der Aneignung. Dazu gehört ein Verständnis davon, wie sich meine Sprache entwickelt hat. Bildung ist immer auch historisches Bewußtsein. Ich möchte wissen, wie eine Zeitung, ein Manifest, eine Werbung oder eine Erzählung in vergangenen Zeiten geklungen haben und was dazu geführt hat, daß sie heute anders klingen. Was für gedankliche Veränderungen stehen dahinter? Wie hat sich das Empfinden verändert, so daß man über frühere Worte lacht, lächelt oder schimpft? Auf dieser Stufe beginne ich, meine Sprache als Ausdruck einer Mentalität, einer Einstellung und Weltsicht zu verstehen – als Ausdruck und Ausformung des Geistes. Die sprachliche Identität wird erkennbar als Manifestation einer geistigen Identität.

Diese Art von Verstehen vertieft sich, wenn ich beginne, meine Sprache im Vergleich mit anderen Sprachen zu betrachten – auch ganz fremden Sprachen, in denen es weder Konjugation noch Deklination gibt, wo die Zeit ganz anders dargestellt wird und die Bedeutung mit der Tonlage variiert. Das ist die vierte Stufe der Aneignung. Fremdsprachen lernen – das wird heute oft so dargestellt, als ginge es vor allem darum, sich einen Vorteil zu verschaffen, was Job, Business, Ansehen und Geld betrifft. Fremde Sprachen, fremde Märkte. Doch es kann viel mehr sein: Ich kann an der Fremdheit der Sprache auch die Fremdheit eines anderen Geistes kennenlernen: sehen und verstehen lernen, daß es auch andere Kategorien als die meinen gibt, andere Beschreibungen von Verhalten und Institutionen, andere Arten, das eigene und fremde Erleben zur Sprache zu bringen. Und um noch etwas Wichtiges geht es: Ich lerne andere Melodien des Lebens kennen. Das Leben klingt und schmeckt anders, wenn ich die Sprache wechsle; die Atmosphäre, der Duktus und das Tempo des Erlebens werden andere; es fühlt sich anders an, in der Welt zu sein.

Andere Kategorien des Denkens und andere Melodien des Lebens kennenlernen – das bringt eine Einsicht mit sich, die entscheidend für Bildung im gewichtigen Sinne des Wortes ist: Meine sprachliche und gedankliche Identität, in die ich mit dem Erlernen der Muttersprache hineingewachsen bin, besitzt keine Notwendigkeit; sie ist historisch und geographisch zufällig und hätte auch anders sein können. Kulturelle Identität ist etwas Kontingentes, zu dem es immer auch Alternativen gibt. Bildung ist die Einsicht in diese Kontingenz. Sie bewahrt vor Überheblichkeit, Dogmatismus und dem trotzigen Aufstampfen angesichts des Fremden. Hier liegt der Ursprung von echter Toleranz im Unterschied zu flüchtigen, opportunistischen Lippenbekenntnissen.

Eine letzte Stufe der Aneignung besteht darin, sich in Anerkennung der Kontingenz und im Wissen um sprachliche Alternativen bewußt für eine Sprache zu entscheiden und sich mit ihr zu identifizieren. Das ist etwas anderes, als sich, erschöpft vom Fremden, in das Gewohnte zurückfallen zu lassen. Es geht um den höchsten Grad an sprachlicher Bildung: die Entwicklung einer *eigenen Stimme* im Rahmen der gewählten Sprache. Das ist das, was Dichter und Schriftsteller versuchen. Meistens ist die gewählte Sprache auch die ursprüngliche Sprache. Aber der Ire Beckett und der Spanier Semprún haben auf Französisch geschrieben, und auch Joseph Conrad, Vladimir Nabokov und Joseph Brodsky haben eine dichterische Identität in einer Sprache ausgebildet, die sie zunächst als eine fremde lernten.

Wissen, Wahrheit und Vernunft

Wenn wir Sätze einer Sprache lernen, lernen wir auch, was aus ihnen folgt und was sie voraussetzen. Und das heißt: Indem wir eine Sprache lernen, lernen wir auch die Idee des *Begründens*. Begründen heißt schließen, und richtig schließen heißt, von einem Satz so zu einem anderen überzugehen, daß Wahrheit erhalten bleibt. Durch Sprache werden wir zu Wesen, die begründen können, was sie sagen – also zu vernünftigen, denkenden Wesen.

Für die kulturelle Identität einer Gemeinschaft ist entscheidend, was ihre Mitglieder unter Denken und Vernunft, unter Wissen und Wahrheit verstehen. Die Rede von diesen Dingen ist zunächst wiederum ein Nachplappern, die erste Aneignung ist die bloße Nachahmung eines Sprachspiels, das uns die anderen mit diesen Begriffen vorspielen. Bildung besteht dann darin, einen Schritt hinter die begriffliche Routine zurückzutreten und sich auf einer zweiten Stufe der Aneignung zu fragen, wovon wir da eigentlich reden. Es geschieht, was für Bildung typisch ist: Vertrautes wird verfremdet, um es später, wenn es transparenter geworden ist, erneut zu etwas Eigenem, Vertrautem zu machen. Platon führt uns diesen Prozeß in seinen Dialogen stets von neuem vor Augen. Wissen – was ist das eigentlich?, fragt Sokrates. Was unterscheidet es von bloßer Meinung? Und Wahrheit: Was können wir darunter verstehen? In welchem Sinn macht die Welt unsere Meinungen wahr oder falsch? Und warum überhaupt ist Wahrheit wichtig?

Wie im Fall der Sprache bedeutet dieser Schritt der Verfremdung und erneuten Aneignung einen Zuwachs an gedanklicher Transparenz. Wir können die Transparenz vergrößern, indem wir uns die Praxis des Begründens, Bestätigens und Verwerfens von Annahmen und Behauptungen im einzelnen vergegenwärtigen: Von welcher Art sind unsere Belege für Aussagen über die Welt? Was genau heißt es, daß wir etwas aus Erfahrung wissen? Gibt es Wissen auch unabhängig von Erfahrung? Was macht etwas zu einem Stück wissenschaftlichen Wissens? Und was ist das überhaupt: Wissenschaft? Woher rührt ihre Autorität? Zur Bildung gehört auch hier historisches Bewußtsein. Wie ist es zu einer Kultur gekommen, in der die Wissenschaft und ihre Technologie eine derart zentrale Rolle spielen? Wie war es früher? Die heutige Wissenschaft entwickelte sich zunächst als Wissenschaft von der Natur. Wie wurde daraus eine Wissenschaft von Seele und Geist, also die Psychologie? Und was hat das alles für unser Leben bedeutet, für unsere Art, in der Welt zu sein?

Unsere heutige kulturelle Identität in diesem Teil der Welt ist aus dem gedanklichen Prozeß hervorgegangen, den wir Aufklärung nennen. In diesem Prozeß haben wir gelernt, uns Fragen wie diese vorzulegen: Was weiß und verstehe ich *wirklich*, und was von den Dingen, die ich und die anderen glauben, steht auf wackligen Füßen? Wir haben gelernt, einen Kassensturz des Wissens und Verstehens zu machen: Was für Belege habe ich für meine Überzeugungen? Sind sie verläßlich? Und belegen sie wirklich, was sie zu belegen scheinen? Wie verläßlich sind die Prinzipien, mit denen man von den Belegen zu den Behauptungen kommt, die über sie hinausgehen? Was sind gültige Schlüsse und was Fehlschlüsse? Was sind gute Argumente, und was ist trügerische Sophisterei? Was unterscheidet eine echte Erklärung von einer Scheinerklärung? Es ist der logische Raum solcher Fragen, der unser Verständnis von Vernunft definiert, und ein solches Verständnis ist ein zentrales Element in der kulturellen Identität einer Gemeinschaft.

Auch dieses Verständnis ist nicht ohne Alternative. Es gab und gibt Kulturen, wo magisches Denken eine wichtige Rolle spielt, wo mythische Elemente Vorrang haben vor rationalen Weltdeutungen, und wo Handlungsmuster – etwa in der Medizin – das Tun bestimmen, die uns als unvernünftig vorkommen. Bildung besteht auch hier darin, das Fremde als solches zu kennen und anzuerkennen, um sich dann ausdrücklich mit denjenigen Mustern des Denkens und Handelns zu identifizieren, die das eigene Verständnis von Vernunft definieren.

Der Blick der Anderen

Doch natürlich erschöpft sich eine Kultur nicht im sprachlichen und gedanklichen Verhältnis zur Welt. Kultur ist auch die Art und Weise, wie Menschen zu anderen und zu sich selbst stehen, und wie sie diese Beziehungen erleben. Wir leben einen großen Teil unseres Lebens unter dem Blick der Anderen, und wer wir sind, hat viel damit zu tun, wie wir diesen Blick erleben und wie wir ihm beggenen. Kulturelle Identitäten werden bestimmt durch das Empfinden von Nähe und Ferne zu den Anderen, durch Vorstellungen von *Intimität* und *Fremdheit*. Einmal betrifft das den Körper: die Art, wie Nacktheit, erotische Anziehung und ein körperlicher Makel erlebt werden; was als dezent, schamlos und obszön gilt. Doch das ist nur ein kleiner Teil des Themas. Es geht insgesamt um den Unterschied zwischen *Privatem* und *Öffentlichem* – darum, was nur wenige angeht, und was jeder sehen und wissen darf. Es gibt keine seelische Identität, die ohne Geheimnisse und ohne den Schutz durch eine soziale Fassade auskommt. Aber was versteckt werden muß und was offenbart werden darf, wird in verschiedenen Kulturen unterschiedlich gesehen. Dem entsprechen Unterschiede im Verständnis von *Scham*, denn Scham ist die Empfindung, daß man bei etwas ertappt wurde, was man geheimhalten wollte. Auch Unterschiede bei Lachen und Weinen gehören hierher, denn beides sind Reaktionen, in denen die Fassade durchstoßen wird und jemand ein Stück seines Inneren preisgibt.

Muster von Privatheit und Öffentlichkeit sind Muster des Fühlens und Verhaltens, in die wir hineinwachsen wie in die Muttersprache: durch Nachahmung. Später, in einem zweiten Schritt der Aneignung, lernen wir, die Grammatik von Geheimnis, Intimität und Scham zum Thema zu machen, um uns anschließend zu fragen, wie das alles zusammenhängt und was für ein Menschenbild dem überkommenen Erleben zugrunde liegt. Was für eine Bewertung des Körpers und seiner Triebe zeigt sich darin? Wie stehen wir eigentlich insgesamt zu den Anderen, wenn wir die Grenzen von Intimität und Öffentlichkeit so ziehen? Wie stehen wir zu uns selbst, wenn wir uns verstecken möchten und erröten, wenn das mißlingt?

Für den nächsten Schritt der Bildung ist dann wiederum die Erfahrung wichtig, daß diese Dinge, die uns von früh auf geprägt haben, nicht zwingend sind und daß man sie auch anders sehen und erleben kann. Auf anderen Kontinenten bedeutet Nacktheit etwas anderes, die Geheimnisse sind andere, die Erfahrung der Beschämung gilt anderen Dingen. Unser Erstaunen kann groß sein, wenn wir das erfahren, und es kann dazu führen, daß wir unser Empfinden und Verhalten überdenken, alte Muster abschütteln und einen neuen Stil von Intimität ausprobieren. Oder es kann bedeuten, daß wir uns angesichts des Fremden erneut, doch jetzt in artikulierterer Form, mit den Mustern identifizieren, die uns ursprünglich geprägt haben. In beiden Fällen haben wir in dieser Dimension nun eine kulturelle Identität, die selbstbewußter und wacher ist als zuvor. Wir haben nun auch hier eine eigene Stimme, und es war ein Prozeß der Bildung und Aneignung, der dazu geführt hat.

Selbstbestimmung und Würde

Intimität und Scham sind Erfahrungen, die viel mit dem zu tun haben, was man in einer Kultur unter *Würde* versteht. Würde – das ist ein vielschichtiger Begriff, viel komplexer und verwickelter, als man gewöhnlich denkt. Er bezeichnet einen Status, den die Anderen einem zubilligen oder verwehren können, und darin ist er der Idee des Rechts vergleichbar. Er bezeichnet aber auch eine Einstellung und ein Muster des Verhaltens und Empfindens, für die jeder selbst verantwortlich ist, verwandt dem Gedanken der Selbstachtung. Bildung als die aktive, reflektierende Beschäftigung mit Kultur wird sich immer auch mit Vorstellungen davon beschäftigen müssen, was als eine würdige und würdelose Einstellung zu Anderen und zu sich selbst gilt. Was für Lebensumstände gelten als entwürdigend, welche nur als leidvoll und beschwerlich? Welche Arten des Bestrafens nehmen jemandem die Würde, und welche lassen sie ihm? Was spielen Arbeit und Geld für eine Rolle bei der Erfahrung von gewahrter und verlorener Würde? Welche Arten, seine Triebe auszuleben, sind noch im Rahmen der Würde, und welche sprengen ihn? Was bedeutet es in einer Kultur, sein Gesicht zu wahren oder zu verlieren? Was gilt als Demütigung und was als würdevolle Reaktion darauf?

Würde hat viel mit Selbstbestimmung zu tun. Wenn man jemanden entwürdigt, indem man ihn übersieht, entmündigt oder manipuliert, dann hat der Verlust der Würde auch etwas mit einem Verlust an Selbstbestimmung zu tun. Und auch wenn ich meine Würde verspiele, indem ich jemandem hörig werde, oder einer Sucht nach Drogen, vielleicht auch nach Erfolg, erliege, so habe ich die Bestimmung über mich selbst, meine Autonomie, verloren. Und so wird man sich beim Verständnis und der Aneignung einer Kultur unweigerlich fragen müssen, was in ihr unter Selbstbestimmung und Freiheit verstanden wird, und welches Gewicht diese Erfahrungen in ihr haben. Es gibt Kulturen, in denen der Dienst an einer Institution, die Identifikation mit einer Firma oder das Ausfüllen einer religiösen oder familiären Rolle mehr zählen als das individualistische Bedürfnis nach möglichst weitgehender Selbstbestimmung. Bildung ist hier, wie bei der Idee der Würde, der Versuch, sich darüber klar zu werden, wer man sein möchte: Man vergegenwärtigt sich, welche blinden Prägungen man erfahren hat, lernt darüber nachzudenken und zu diskutieren, läßt das verborgene Menschenbild und Selbstbild zu Bewußtsein kommen und entschließt sich am Ende angesichts wahrgenommener und verstandener Alternativen zu einer eigenen Stimme auch in diesen Dingen: Ich weiß – sage ich dann –, daß man das unterschiedlich sehen kann, aber was mich persönlich betrifft, so verstehe ich das und nicht etwas anderes unter einem Leben, in dem es Würde und Freiheit gibt. Wenn ich soweit bin, habe ich mir eine eigene kulturelle Identität erarbeitet, ganz gleich, auf welchem Kontinent ich lebe.

Moral: der Kampf gegen Grausamkeit

Daß ich mein Leben unter dem Blick der Anderen und in vielfältigem Austausch mit ihnen leben muß, wirft die Frage auf, wie ich zu ihren Interessen stehe, wenn sie den meinen entgegenstehen. Eine Kultur ist auch ein Lösungsvorschlag für solche Konflikte. Man kann sich einen Vorschlag vorstellen, bei dem es nur darum geht, die Anderen im Sinne des Eigeninteresses auszurechnen und zu manipulieren. Das wäre eine ziemlich kühle Kultur. Tatsächlich findet sich in jeder Kultur der Gedanke, daß die Interessen Anderer für mich ein Grund sein können, etwas zu tun, was einen Verzicht auf meine eigenen Wünsche bedeutet. Das ist der Standpunkt der Moral, ganz formal betrachtet. Ihm entsprechen die typisch moralischen Empfindungen wie Empörung, Groll und moralische Scham. Sie treten auf, wenn gegen den moralischen Standpunkt verstoßen wird, oder anders ausgedrückt: wenn *grausam* gehandelt wird. Kulturen unterscheiden sich durch verschiedene Ausprägungen des moralischen Standpunkts und durch verschiedene Auffassungen davon, was eine Grausamkeit darstellt, gegen die man ankämpfen muß. Sind Steinigung und Todesstrafe grausam? Sind es Gefängnisse als solche? Geschlossene psychiatrische Stationen? Bloßstellungen in der Boulevardpresse? Hohn und Spott? Bestrafen durch Schweigen? Und auch auf eine grundsätzliche Frage gibt es je nach Kultur unterschiedliche Antworten: Heiligt der gute Zweck immer die Mittel? Darf man foltern um zu retten? Oder gibt es Dinge, die man unter gar keinen Umständen tun darf?

Eine kulturelle Identität ist auch eine moralische Identität, die sich jemand aneignet, indem er viel reist, sei es geographisch, literarisch oder als Betrachter von Dokumentarfilmen. Solches Reisen gehört zu den wichtigsten Aufgaben von Bildung. Auch hier geht es um Aneignung durch Artikulation, Abgrenzung und bewußt vollzogene Identifikation. Doch der Fall der moralischen Identität ist ein besonderer und ein besonders schwieriger Fall. Das hat damit zu tun, daß sie eine Verbindlichkeit besitzt, wie wir sie bei anderen Varianten kultureller Identität nicht antreffen. Moralische Einstellungen und Überzeugungen darüber, was grausam ist, sind für denjenigen, der sie hat, absolut. Zwar weiß er als Gebildeter, daß auch sie keine metaphysische Notwendigkeit besitzen, daß sie eine kontingente Geschichte haben und daß es andere Betrachtungsweisen gibt. Doch dieses Wissen kann nicht zu gelassener oder gar gleichgültiger Toleranz führen. Moralische Urteile sind nicht wie Geschmacksurteile; es gibt keine moralische Großmut. Wenn ich Folter, Todesstrafe, die öffentliche Bloßstellung Unschuldiger oder krasse Formen von Ungerechtigkeit für moralisch indiskutabel halte, dann sind sie für mich genau das: *indiskutabel*, nicht verhandelbar. Es ist – sowohl gedanklich als auch vom Empfinden her – unmöglich, mich auf die historische Zufälligkeit meiner kulturellen Identität zurückzuziehen und zu sagen: »Ich persönlich sehe es so, aber man muß akzeptieren, daß anderswo andere Maßstäbe gelten, ich mische mich da nicht ein.« Denn moralisches Handeln ist genau das: sich einmischen, wenn man von Grausamkeit erfährt. Und so ist jede gebildete moralische Identität mit einem inneren Widerspruch, einer Antinomie behaftet: Ich weiß von der historischen Bedingtheit meiner Anschauungen und also von ihrer Relativität, und doch kann ich nicht anders, als sie absolut zu setzen, denn sonst ginge die Ernsthaftigkeit meiner Überzeugungen verloren. Es ist dieser Zwiespalt, aus dem heraus man sich entschließen kann einzugreifen, wenn nötig mit Gewalt. Kulturelle Identität kann hier Tod bedeuten.

Religiöse und säkulare Identität

Die moralische Identität von Menschen ist oft eingebettet in eine religiöse Identität. Eine Religion ist in der Regel ein Weltbild mit drei Komponenten: einer Auskunft über den Ursprung der Welt, einer Vorstellung von moralischer Integrität und einem Vorschlag zum Umgang mit Erfahrungen, die unsere Kräfte zu übersteigen drohen, wie Tod, Schmerz und Einsamkeit. Will man eine Kultur verstehen, so muß man sich fragen, in welchem Ausmaß und welcher Form sie eine religiös geprägte Kultur ist. Und wenn man in einem Prozeß der Bildung aus blinden Prägungen herauswächst und sich eine bewußte kulturelle Identität erarbeitet, so bedeutet das immer auch, sich vis-à-vis von religiösen Weltdeutungen zu definieren: Glaube ich an eine göttliche Schöpfung, oder suche ich eher in der Biologie und Astrophysik nach Erklärungen für die Entstehung der natürlichen Welt? Verlasse ich mich in meinem moralischen Urteil auf eine göttliche Autorität und heilige Schriften, oder bilde ich mir mein eigenes Urteil, indem ich auf meine moralischen Empfindungen höre und mir selbständig überlege, was man von den Anderen und sich selbst an Achtung und Verzicht verlangen muß, damit es ein Zusammenleben ohne Grausamkeit gibt? Wenn ich vor Leid und Tod stehe: Suche ich dann Trost in den rituellen Vorschlägen einer Religion, oder gehe ich in der Bewältigung dieser Dinge einen eigenen Weg des Fühlens und Handelns?

Antworten auf diese Fragen sind nicht unabhängig von anderen Facetten kultureller Identität, die ich besprochen habe: der Bewertung von Vernunft und Wissenschaft etwa oder dem Gewicht, das man Selbstbestimmung beimißt. Bildung bedeutet die schwierige Aufgabe, die verschiedenen Dimensionen einer kulturellen Identität in einen stimmigen Zusammenhang zu bringen. Wenn ich für medizinische Hilfe auf die empirische, experimentelle Wissenschaft vertraue, so wird es gedanklich schwierig, an ein Leben nach dem Tod und also an die Unabhängigkeit des seelischen Lebens vom Gehirn zu glauben. Und wenn ich darin, was ich denke, fühle und tue, autonom sein möchte, so kann ich mit religiösen

Geboten und Verboten in einen unauflöslichen Konflikt geraten. Jeder von uns wächst mit einem Sammelsurium von kulturellen Elementen auf, von denen einige nicht zueinander passen. Die Stufen der Aneignung, von denen ich gesprochen habe, sind Stufen auf dem Weg zu einer Identität, die sich aus dem Bedürfnis heraus formt, Stimmigkeit zu erreichen, indem man sich bewußt und mit der Bereitschaft zu entsprechendem Handeln für bestimmte Elemente und gegen andere entscheidet, stets im Wissen darum, daß solche Entscheidungen historisch, gesellschaftlich und psychologisch bedingt und also kontingent sind.

Das gilt auch für die beiden letzten großen Themen einer Kultur, die ich erwähnen will: die Vorstellungen von *Sinn* und *Glück*. Für jemanden, der aus einer religiösen Identität heraus lebt, gibt es eine Definition eines sinnvollen und glücklichen Lebens, die von außen kommt und ihre Autorität aus heiligen Schriften, einer Offenbarung oder einer kirchlichen Institution herleitet. Danach hat mein Leben einen Sinn, weil es in eine größere Ordnung und einen größeren Plan paßt, den nicht ich selbst entworfen habe, und auch das Glück eines solchen Lebens, wenn es mehr ist als oberflächlicher Genuß und flüchtige Freude, liegt in seinem Beitrag zu etwas, dessen Bedeutung weit über mich hinausreicht. Für eine säkulare, weltliche Identität ist es anders. Hier gibt es keinen übergeordneten, von mir unabhängigen Sinn und keinen Maßstab für Glück, der jenseits meiner Bedürfnisse läge. Den Sinn meines Lebens schaffe ich mir selbst, er ergibt sich aus der Logik meines seelischen Lebens, er ist wandelbar, und ich anerkenne keine Autorität, die mich darüber belehren könnte.

Diesen Unterschied zwischen religiöser und säkularer Kultur kann man auch noch anders ausdrücken. Jede Kultur ist auch eine Definition von dem, was *wichtig* ist. Wenn es eine religiöse Kultur ist, wird das festgelegt von religiösen Führern, Institutionen und Texten. Es kann eine Kluft geben zwischen dem, was *mir* wichtig ist oder wäre, und dem, was die religiösen Instanzen als wichtig verkünden. In einer säkularen Kultur ist das anders. Hier bestimmen einfach ihre Mitglieder, was wichtig ist, und es gibt, anders als in einem religiösen Zusammenhang, keinen prinzipiellen Unterschied zwischen dem, was wir für wichtig *halten*, und dem, was wichtig *ist*. Wir sind, was Sinn, Glück und Wichtigkeit anlangt, keiner höheren Instanz gegenüber verantwortlich; verantwortlich sind wir nur uns selbst und den Anderen gegenüber. Das macht die Sache sowohl leichter als auch schwerer. Leichter, weil wir uns durch keine fremden Vorstellungen unterjocht fühlen müssen. Schwerer, weil es bedeutet, daß wir Selbsterkenntnis und Übersicht über uns selbst brauchen, um ein klares Bewußtsein davon zu haben, was wir als wichtig erachten. Sich selbst in diesem Sinne zu kennen und zu verstehen, ist ein wesentlicher Bestandteil von Bildung in dem gewichtigen Sinne, in dem ich das Wort hier verwendet habe.

Kultur als Gekanntes und als Gelebtes

Wir sind in diesem schwierigen Prozeß der Bildung, der ein Leben lang dauert, nicht allein. Eine Kultur ist auch ein Raum von Erzählungen, Dramen, Mythen und Märchen, von Metaphern, Witzen und literarischen Topoi, von Filmszenen, Bildern und Statuen, von photographischen Ikonen, Opernarien und Straßenliedern. Um herauszufinden, wer wir sind und was uns wichtig ist, können wir uns in den Elementen des kulturellen Raums spiegeln, wir können uns mit dem, was es darin gibt, identifizieren oder uns dagegen abgrenzen.

Auf die Erwähnung dieser Dinge haben wir schon lange gewartet, werden Sie vielleicht denken – warum kommt das erst jetzt, warum war davon nicht von Anfang an die Rede? Die Antwort lautet: Weil es mir wichtig ist, zwischen bloß *gekannter* Kultur auf der einen Seite und einer *gelebten* kulturellen Identität auf der anderen zu unterscheiden. Die beiden Dinge werden oft genug verwechselt. Man kann einen kulturellen Raum kennen, sich darin sogar sehr genau auskennen, ohne daß das Bekannte die eigene Identität formt und bestimmt. Ich kann die Dramen, Romane, Filme und Lieder eines Landes oder einer Zeit sehr genau kennen und kann viele erhellende Dinge darüber sagen – und doch kann es sein, daß sie meiner Art zu leben äußerlich bleiben. Sie sind dann Inhalte meines Wissens und meiner Gelehrsamkeit, aber damit noch nicht Bestandteile meiner Bildung. Dafür genügt auch nicht, daß ich in einer Situation die passenden Dinge aus dem kulturellen Repertoire zitieren und damit zeigen kann, daß ich sie auch im Sinne des situativen Verstehens anzuwenden verstehe. Und nach dem hier entwickelten Verständnis von Bildung genügt es nicht einmal, daß ich mit den Texten, den Bildern und der Musik ganz für mich allein lebe, so daß sich der Verdacht des Demonstrativen oder Angeberischen erübrigt. Die Topoi einer Kultur tragen erst dann zu echter Bildung bei, wenn sie in der Aneignung all der Dinge, von denen ich früher gesprochen habe, eine bestimmende Rolle spielen. Erst wenn meine eigene Sprache durch das Lesen von Literatur reicher, differenzierter und selbständiger wird, ist etwas im Sinne der Bildung mit mir geschehen. Erst wenn meine Beschäftigung mit Traktaten über Vernunft sich in der Organisation des eigenen Denkens und Tuns niederschlägt, war die Lektüre wirklich eine Bildungserfahrung. Erst wenn die Beschäftigung mit dem Blick der Anderen auf der Bühne und im Film dazu führt, daß meine eigenen Empfindungen von Privatheit, Intimität und Scham klarere Konturen erhalten, habe ich als Zuschauer etwas für meine Bildung getan. Ich kann in einem kulturellen Raum viel über Selbstbestimmung, Würde und moralische Erfahrung hören und lesen; wenn das nicht dazu führt, daß sich das Verständnis und die Erfahrung dieser Dinge auch in mir selbst spürbar verändern, bin ich trotz reicher Kenntnisse noch nicht bei einem Bildungsprozeß angekommen. Und ähnlich ist es mit den religiösen Elementen einer Kultur: Sie zu kennen, reicht nicht; es geht darum, sich an ihnen zu reiben und im Sinne einer inneren Stellungnahme auch hier eine eigene Stimme zu entwickeln.

Sich bilden – das ist wie aufwachen. Das kulturelle Gewebe, von dem ich zu Beginn sprach, stößt uns am Anfang des Lebens nur zu, es wirkt auf uns ein und prägt uns, ohne daß wir uns dagegen wehren können. Wir bewegen uns darin wie Schlafwandler: unauffällig und zielsicher, aber ohne gedankliche und emotionale Plastizität, ohne reflektierende Distanz und ohne Sinn für Alternativen. Wenn wir dann die Stufen oder Phasen der Aneignung durchlaufen, die ich beschrieben habe, werden wir immer wacher: Wir lernen, über die Grammatik der zunächst blinden Kultur zu sprechen, sie in größeren Zusammenhängen zu verstehen und als eine unter mehreren Möglichkeiten zu betrachten. Je größer Transparenz und Übersicht werden, desto größer wird die innere Freiheit, aus dem Schatten blinder Prägungen herauszutreten und sich zu fragen, wer man sein möchte. Dieser Prozeß der Bildung und des Erwachens ist nie abgeschlossen. Eine kulturelle Identität ist nichts Festes, Endgültiges. Das Besondere an Kulturwesen ist, daß sie sich stets erneut zum Problem werden und die Frage aufwerfen können, wer sie sind und was ihnen wichtig ist. Und Bildung, richtig verstanden, ist der komplizierte Prozeß, in dem es um die Beantwortung dieser Fragen geht.

Literaturhinweise

Erste Vorlesung

Bereits in den ersten Sätzen wird gedanklich derjenige Schritt gemacht, der die Philosophie, wie ich sie hier verstehe, kennzeichnet: der Schritt vom gewohnten, blinden *Gebrauchen* von Begriffen zum nachdenklichen, analytischen *Besprechen* dieser Begriffe. Dieser Schritt und alles, was aus ihm für philosophische Untersuchungen folgt, wird mit großer Klarheit dargestellt in dem Buch von Jay F. Rosenberg, *Philosophieren*, Frankfurt: Klostermann 1986. Ähnliches gilt für das Buch von Holm Tetens, *Philosophisches Argumentieren*, München: Beck 2004.

Die knappe Begründung für die Behauptung, daß wir uns nicht als die unbewegten Beweger unseres Wollens und Denkens verstehen können, habe ich ausführlicher entwickelt in *Das Handwerk der Freiheit*, München: Hanser 2001, vor allem im zweiten Teil.

Die eindrücklichste Auseinandersetzung mit der Befürchtung, die Bedingtheit unseres Geistes könnte uns zu Marionetten der Umwelt machen, ist für mich das Buch von Daniel C. Dennett, *Elbow Room*, Cambridge, Mass.: MIT Press 1984; deutsch: *Ellenbogenfreiheit*, Beltz Athenäum 1994.

Eine andere Bedrohung für Freiheit und Selbstbestimmung scheint aus der Gehirnforschung zu kommen, die uns – nicht erst in den letzten Jahren, sondern seit langer Zeit schon – zeigt, wie sehr das, was geistig mit uns geschieht, durch ein Geschehen im Gehirn bestimmt wird. Dieses Thema berühre ich in diesen Vorlesungen nicht, weil man dazu weitläufige Überlegungen über Sprache, Wahrheit und Wirklichkeit besprechen muß, für die mir hier der Raum fehlt. Es läßt sich zeigen, daß aus einem neurobiologischen Determinismus nicht die Unmöglichkeit von Selbstbestimmung folgt, wie sie hier beschrieben wird. Ausgeführt habe ich das in meinem Essay *Untergräbt die Regie des Gehirns die Freiheit des Willens?*, in: Ch. Gestrich/Th. Wabel (Hrsg.), Freier oder unfreier Wille?, Beiheft 2005 zur Berliner Theologischen Zeitschrift, Wichern Verlag.

Sich selbst zum Thema machen: Was Freiheit und Selbstbestimmung betrifft, so hat diese Fähigkeit vor allem Harry G. Frankfurt ins Zentrum der Betrachtung gerückt in seinem Buch *The importance of what we care about*, Cambridge: Cambridge University Press 1988; deutsch:

Sich selbst ernst nehmen, Frankfurt: Suhrkamp 2007. Bei ihm ist hauptsächlich von der inneren Distanz des Bewertens die Rede. In der ersten und zweiten Vorlesung geht es mir darum zu zeigen, daß die innere Distanz des Erkennens nicht weniger wichtig ist, und daß Erkennen und Bewerten auf engste miteinander verflochten sind.

Das Selbst als Zentrum erzählerischer Schwerkraft: Dazu liest man mit Gewinn das Buch von Dieter Thomä: *Erzähle dich selbst*, München: Beck 1998.

Selbstbestimmung als Finden der eigenen Stimme: Von keinem Buch habe ich bei diesem Thema mehr gelernt als von Stanley Cavell, *Cities of Words*, Harvard University Press 2004.

Moral als Ausdruck von aufgeklärtem Eigeninteresse: Peter Stemmer hat diese Idee mit großer Transparenz entwickelt in *Handeln zugunsten anderer*, Berlin: de Gruyter 2000. Was ich *moralische Intimität* nenne, umfaßt all das an der moralischen Erfahrung, was in diesem Rahmen nicht zur Sprache kommt.

Das Zitat von La Bruyère stammt aus dem Essay *De l'Homme*, Abschnitt 76. Meine Übersetzung.

Zum Schluß sei für diese Vorlesung daran erinnert, daß alle Ideen eine Geschichte haben, und daß die Kenntnis dieser Geschichte stets auch zum Verständnis der Idee gehört. Für die Idee der Autonomie oder Selbstbestimmung gibt es da ein fabelhaftes Buch: J. B. Schneewind, *The Invention of Autonomy*, Cambridge: Cambridge University Press 1998.

Zweite Vorlesung

Über die Logik und Dynamik von Selbsterkenntnis, wie ich sie am Anfang dieser Vorlesung beschreibe, habe ich am meisten gelernt von Richard Wollheim, *The Thread of Life*, Cambridge: Cambridge University Press 1984.

Eine umfassende Sammlung von Studien zum Phänomen der Selbsttäuschung ist der Band von Brian McLaughlin und Amélie Rorty (Hrsg.), *Perspectives on Self-Deception*, University of California Press 1988.

Die Art und das Ausmaß, in dem sich jemand durch Selbsterkenntnis auch verändert, wird sehr gut analysiert von Richard Moran in seinem Buch *Authority and Estrangement*, Princeton 2001.

Was ich über das Erkennen und Aufdecken von zuvor verborgenen Gefühlen und Wünschen sage, geht natürlich auf das Werk von Sigmund Freud zurück. Am übersichtlichsten entwickelt er seine Gedanken in *Vorlesun-*

gen zur Einführung in die Psychoanalyse, S. Fischer Gesamtausgabe, Band I. Eine ausgezeichnete Analyse des Verstehens eigener Emotionen findet sich in dem Buch von Eva Weber-Guskar, *Die Klarheit der Gefühle*, Berlin: de Gruyter 2009.

Den zitierten Satz von Max Frisch habe ich in einem Interview gehört. Wie sich der Schreibende in der Arbeit an seinen Sätzen kennenlernt, beschreibt Frisch in seinen Princeton Vorlesungen, die bei Suhrkamp 2008 unter dem Titel *Schwarzes Quadrat* erschienen sind. Viele der Erfahrungen, die ich erwähne, werden auch von Mario Vargas Llosa beschrieben in *Briefe an einen jungen Schriftsteller* (Suhrkamp 2004) und *Geheime Geschichte eines Romans* (Suhrkamp 1992). Auch Sten Nadolny spricht davon in *Das Erzählen und die guten Absichten*, Piper 1990, und Hugo Loetscher in *Vom Erzählen erzählen*, Diogenes 1988. Auch lese ich zu diesem Thema immer wieder in Peter Handkes Buch *Das Gewicht der Welt*, Suhrkamp 1979.

Was John Dewey betrifft, habe ich *The Quest for Certainty* von 1929 im Sinn, bei Nelson Goodman denke ich an *Ways of Worldmaking* von 1978 (deutsch: Weisen der Welterzeugung, Suhrkamp 1984), und bei Richard Rorty habe ich *Objectivity, Relativism and Truth* (Cambridge University Press 1991) vor Augen. Deutungen von Selbsterkenntnis, wie sie sich in diesem Rahmen ergeben, würde man *pragmatistische* Deutungen nennen.

Das Phänomen des inneren Zwangs, der die Selbstbestimmung beeinträchtigt und auf dem Wege der Selbsterkenntnis aufgelöst werden muß, analysiere ich in *Das Handwerk der Freiheit*. Dort wird auch der tiefere Zusammenhang zwischen Selbstbestimmung und Zeiterfahrung erläutert.

Dritte Vorlesung

Der Begriff von Bildung, den ich in dieser Vorlesung gebrauche, wird bereits entwickelt in meinem Essay *Wie wäre es, gebildet zu sein?*, in: H.-U. Lessing/V. Steenblock (Hg.), »Was den Menschen eigentlich zum Menschen macht«, Klassische Texte einer Philosophie der Bildung, Freiburg: Karl Alber 2010. Ich zeige dort, daß *Bildung* etwas ganz anderes ist als *Ausbildung*.

Für das philosophische Verständnis von dem, was eine Sprache ist, hat mir besonders ein schon etwas älteres Buch geholfen: Jonathan Bennett, *Linguistic Behaviour*, Cambridge: Cambridge University Press 1976. Ein vorzügliches Buch mehr sprachwissenschaftlicher Art ist Jürgen Trabant, *Was ist Sprache?*, München: Beck 2008.

Das Ausbilden einer dichterischen Identität in einer fremden Sprache: Besonders eindrücklich finde ich das, was Joseph Brodsky dazu sagt in *Conversations with Joseph Brodsky*, Gespräche, die Solomon Volkov führte, erschienen bei The Free Press, New York 1998.

Den logischen Raum der philosophischen Fragen über Erkenntnis, Vernunft, Wahrheit und Wirklichkeit habe ich beschrieben in dem Band *Analytische Philosophie der Erkenntnis*, Frankfurt: Athenäum 1987. Wie sich das alles weiterentwickelt hat, dokumentiert der Band von Thomas Grundmann (Hrsg.), *Erkenntnistheorie*, Paderborn: Mentis 2001.

Für das Verständnis der Unterscheidung von Öffentlichem und Privatem und der kulturellen Relativität der Unterscheidung habe ich viel gelernt von Raymond Geuss, *Privatheit. Eine Genealogie*, Suhrkamp 2002.

Zur Idee der Würde und zu den Erfahrungen, die damit verknüpft sind, liest man mit Gewinn das Buch von Avishai Margalit, *Politik der Würde*, Berlin: Alexander Fest Verlag 1997, und den von Ralf Stoecker herausgegebenen Band *Menschenwürde*, veröffentlicht 2003 von der öbv+hpt Verlagsgesellschaft in Wien.

Was die Vielfalt und Variabilität im Verständnis von Sinn, Wichtigkeit und Glück betrifft, habe ich viel von dem Buch von Michael Hampe gelernt: *Das vollkommene Leben*, München: Hanser 2009.

Dank

Ich habe diese Vorlesungen im Frühjahr 2011 in Graz gehalten. Die dortige Akademie hatte mich dazu eingeladen. Für diese Gelegenheit möchte ich mich bedanken. Ich habe drei Abende lang mit einem interessierten und konzentrierten Publikum diskutieren können. Eine ganze Reihe von Fragen und Einwänden habe ich bei der Überarbeitung des Textes berücksichtigt. Bei Astrid Kury von der Akademie möchte ich mich für die vorzügliche Vorbereitung und Durchführung der Veranstaltungen bedanken. Dem Residenz-Verlag, bei dem diese Vorlesungen traditionell erscheinen, danke ich für die gute Zusammenarbeit. Mein besonderer Dank gilt Claudia Romeder. Mit ihr zusammenzuarbeiten, war eine sehr gute Erfahrung.

Berlin, Juni 2011
Peter Bieri

Thomas Macho **Das Leben ist ungerecht** Unruhe bewahren

Angesichts von Krisen und Zukunftsängsten fragt Thomas Macho nach den Grenzen der Fairness. Denn einerseits gilt: »Alle Menschen sind gleich«, andererseits wissen wir auch: »Das Leben ist ungerecht«. Krankheiten, Behinderungen, Lebensdauer und Todesarten stellen die sozialpolitischen Ideale der Gerechtigkeit infrage. Was nützen Arbeitszeit- und Steuerausgleichszahlungen, Kindergeld und Renten, Versicherungen und Bausparkredite, wenn manche Menschen schon als Kinder im Elend sterben, andere dagegen ein Jahrhundert – womöglich in Glück und Reichtum – erleben dürfen? Wie kann die Solidarität der Sterblichen, Fundament der Demokratie seit der griechischen Antike, mit der Sehnsucht nach Überleben in Einklang gebracht werden? Auf der Suche nach neuen Antworten diskutiert der bekannte Philosoph und Kulturwissenschaftler Thomas Macho die Frage nach dem Widerspruch zwischen Sterblichkeit und Gerechtigkeit.

Herrlich!
FAZ

autor**in**residenz

Dimitré Dinev **Barmherzigkeit** Unruhe bewahren

Ein starkes und Diskussionen herausforderndes Buch ist Dimitre Dinev gelungen. Ein Buch, das trotz seines illusionslosen Blickes auf die Welt, Hoffnung macht. Ein Buch auch, das auf die Magie einer Sprache setzt, die zum Nachdenken anregt und unruhig macht.
Bayrischer Rundfunk

Es gilt noch immer, einen klugen und sprachgewandten Schriftsteller wie Dimitré Dinev zu entdecken. Mit seinem Buch »Barmherzigkeit« bietet sich hierzu erneut Gelegenheit. Wer sie auslässt, wird sich vorwerfen müssen, eine wichtige Stimme der deutschsprachigen Literatur und Essayistik überhört zu haben.
Glanz & Elend

Ein großartiger Essay mit erschütternden Beispielen ...
Deutschlandradio

Sie wirken, und ihre Einfachheit und Schlichtheit vermögen zu berühren. Nur die erste Rede vermittelt ansatzweise so etwas wie Theorie. Ansonsten wird nicht über Barmherzigkeit doziert, sondern von ihr erzählt. Und erzählen kann Dimitré Dinev.
literaturhaus.at

autor**in**residenz